Basische Ernährung Kochbuch für Anfänger

Schnelle, leckere und einfache basische Rezepte zur Regulierung des Säure-Basen-Haushalts und Entgiftung des Körpers. Basisch kochen leicht gemacht!

Nina Vogt

Basische Ernährung Kochbuch für Anfänger

Schnelle, leckere und einfache basische Rezepte zur Regulierung des Säure-Basen-Haushalts und Entgiftung des Körpers. Basisch kochen leicht gemacht!

Nina Vogt

Bibliografische Information der Deutschen Nationalbibliothek:
Die Deutsche Nationalbibliothek verzeichnet diese Publikation in der
Deutschen Nationalbibliografie; detaillierte bibliografische Daten sind im
Internet über http://dnb.dnb.de abrufbar.

© 2023 Nina Vogt
Herstellung und Verlag:
BoD – Books on Demand, Norderstedt

ISBN: 9783757859916

Inhalt

Vorwort

Liebe Leserin, lieber Leser,

mit großer Freude lade ich dich ein, die wunderbare Vielfalt der basischen Ernährung zu entdecken. Du findest hier eine vielfältige Auswahl an Rezepten, die nicht nur gut schmecken, sondern auch gut für dich sind. Denn jedes Rezept in diesem Buch basiert auf Zutaten, die in der basischen Ernährung hervorragend geeignet sind.

Die basische Ernährung ist eine Ernährungsform, die auf den Verzehr von Lebensmitteln mit einem hohen Anteil an basischen Mineralstoffen setzt. Ziel ist es, den Säure-Basen-Haushalt im Körper ins Gleichgewicht zu bringen. Dies wird erreicht, indem überwiegend Lebensmittel wie Gemüse, Obst, Kräuter und Nüsse konsumiert werden, während säurebildende Lebensmittel wie Fleisch, Milchprodukte und industriell verarbeitete Produkte reduziert werden.

Es ist erstaunlich, wie einfach es ist, diese gesunden Lebensmittel in unseren täglichen Speiseplan zu integrieren. Mit den Rezepten in diesem Buch möchte ich dir zeigen, wie du diese Nahrungsmittel in köstliche Mahlzeiten verwandelst, die dich und deine Familie begeistern werden. Gleichzeitig möchte ich dich inspirieren, eigene Kreationen zu entwickeln und deiner Kreativität in der Küche freien Lauf zu lassen.

Gesundes Essen beginnt nicht erst auf dem Teller, sondern schon beim Einkaufen. Indem du dich für frische, naturbelassene Zutaten entscheidest, legst du den Grundstein für eine gesunde, ausgewogene Ernährung. Und indem du diese Zutaten in köstliche Gerichte verwandelst, sorgst du dafür, dass gesundes Essen zum Genuss wird.

Ich wünsche dir viel Freude beim Nachkochen der Rezepte!

Freundliche Grüße,

Deine Nina Vogt

Hinweis zu den Rezepten

Du wirst feststellen, dass in diesem Buch keine Bilder zu finden sind. Das mag auf den ersten Blick ungewöhnlich erscheinen, aber ich habe mich aus mehreren Gründen dazu entschieden.

Das erste und wichtigste Argument ist die Kreativität. In einem Bild festgelegte Darstellungen von Gerichten können manchmal einschränkend wirken. Sie legen eine bestimmte Präsentation fest, einen „richtigen" Weg, wie das Gericht aussehen sollte. Doch ich möchte, dass du dich frei fühlst, deine eigenen Vorstellungen und kreativen Ideen zu verwirklichen. Jedes Gericht, das du zubereitest, ist ein Ausdruck deiner Persönlichkeit und Kreativität. Es gibt kein richtig oder falsch, wenn es um die Präsentation geht.

Des Weiteren hat jeder von uns einen anderen Geschmack und verschiedene Vorlieben. Was für mich lecker aussieht, sieht für dich vielleicht anders aus. Indem ich auf Bilder verzichte, lade ich dich dazu ein, dein eigenes Bild von leckerem Essen zu erschaffen. Ich möchte, dass du deine eigene Vorstellung von dem, was dir schmeckt und was dir guttut, entwickelst.

Letztendlich geht es mir darum, den Fokus auf das Wesentliche zu lenken – die Inhaltsstoffe und die Zubereitung. Mit jedem Rezept lernst du neue Zutaten und Techniken kennen, mit denen du dein kulinarisches Wissen erweitern kannst. Anstatt dir ein fertiges Bild zu präsentieren, möchte ich dir Anleitungen an die Hand geben, damit du deine eigenen kulinarischen Meisterwerke kreieren kannst.

Ich hoffe, dass dieses Kochbuch dir dabei hilft, neue Geschmacksrichtungen zu entdecken, deine Kochfähigkeiten zu verbessern und Spaß in der Küche zu haben. Lass dich nicht von der Abwesenheit von Bildern entmutigen – lass stattdessen deiner Fantasie freien Lauf und schaffe deine eigenen kulinarischen Kunstwerke!

Smoothies

Smoothie mit Mango und Spinat

Zubereitungszeit: 15 Minuten
Portionen: 1 Smoothie

Zutaten:

- 1 mittelgroße reife Mango, geschält und in Würfel geschnitten
- 60 g frischer Spinat, gewaschen und getrocknet
- 250 ml Wasser, gekühlt
- 2 EL frischer Bio-Zitronensaft
- 1 EL frischer Ingwer, gerieben
- 1 TL Spirulina Pulver
- Eine Prise Meersalz

Zubereitung:

1. Die Mango würfeln, den Spinat waschen und trocknen lassen.
2. Lege die Mango-Würfel, den gewaschenen Spinat, das Wasser, den frischen Zitronensaft und den geriebenen Ingwer in einen Mixer.
3. Füge das Spirulina Pulver und eine Prise Meersalz hinzu.
4. Mixe alle Zutaten auf hoher Stufe, bis sie glatt und cremig sind.
5. Schau dir die Konsistenz an. Ist der Smoothie zu dick, gib etwas mehr Wasser hinzu. Ist er zu dünn, kannst du noch etwas Spinat oder Mango hinzufügen und erneut mixen.
6. Schmecke den Smoothie ab und gib bei Bedarf noch etwas Zitronensaft oder Meersalz hinzu.

Beeren Power Smoothie

Zubereitungszeit: 15 Minuten
Portionen: 1 Smoothie

Zutaten:

- 150 g frische oder gefrorene gemischte Beeren (Himbeeren, Blaubeeren, Erdbeeren, und Brombeeren), gewaschen und entstielt
- 1 reife Banane, geschält und in Scheiben geschnitten
- 250 ml Hafermilch, ungezuckert
- 1 EL frisch gepresster Bio-Zitronensaft
- 1 EL Chiasamen
- 2 TL Ahornsirup oder Agavendicksaft, nach Geschmack
- 1 Handvoll frische Spinatblätter, gewaschen und grob gehackt
- Eiswürfel, optional

Zubereitung:

1. Gib die Beeren und die Bananenscheiben in einen Mixer.
2. Füge die Hafermilch und den Zitronensaft hinzu. Wenn du möchtest, kannst du etwas Süße mit Ahornsirup oder Agavendicksaft hinzufügen.
3. Jetzt kommt der Spinat dazu. Gib ihn direkt in den Mixer.
4. Zuletzt füge die Chiasamen hinzu und mische alle Zutaten gründlich durch, bis du eine glatte, cremige Mischung erhältst. Wenn du deinen Smoothie gerne kalt magst, kannst du ein paar Eiswürfel hinzufügen.

Papaya-Avocado Smoothie

Zubereitungszeit: 10 Minuten
Portionen: 1 Smoothie

Zutaten:

- 200 g reife Papaya, geschält und entkernt
- 1 kleine reife Avocado, geschält und entkernt
- 150 ml Kokoswasser
- 1 EL Chia Samen
- 1 TL frischer Bio-Limettensaft
- 1 EL Ahornsirup oder Agavendicksaft

Zubereitung:

1. Nimm die vorbereitete Papaya und die Avocado und schneide sie in grobe Stücke.

2. Gib die Papaya- und Avocado-Stücke zusammen mit dem Kokoswasser in einen Mixer.

3. Füge nun die Chia Samen und den Limettensaft hinzu.

4. Wenn du möchtest, kannst du jetzt etwas Ahornsirup oder Agavendicksaft für zusätzliche Süße hinzufügen.

5. Mixe alle Zutaten auf hoher Stufe, bis du einen glatten und cremigen Smoothie erhältst.

Kirsch-Bananen Smoothie

Zubereitungszeit: 10 Minuten
Portionen: 1 Smoothie

Zutaten:

- 150 g entkernte und halbierte frische Kirschen
- 1 reife Banane, geschält und in Scheiben geschnitten
- 200 ml ungesüßte Mandelmilch
- 1 EL frisch gepresster Bio-Zitronensaft
- 1 EL frische Minzblätter, grob gehackt
- 1 TL frischer Ingwer, gerieben
- 1 EL Chiasamen, über Nacht eingeweicht

Zubereitung:

1. Zuerst nimmst du deinen Mixer und fügst die entkernten Kirschen, die Bananenscheiben, die Mandelmilch, den Zitronensaft, die Minzblätter und den geriebenen Ingwer hinzu.

2. Mixe alle Zutaten auf hoher Stufe, bis sie gut vermischt sind und eine glatte Konsistenz haben.

3. Jetzt gibst du die eingeweichten Chiasamen dazu. Du kannst sie vorher abtropfen lassen, falls noch Flüssigkeit vorhanden ist.

4. Mixe noch einmal alles auf niedriger Stufe, um die Chiasamen gut zu verteilen.

5. Du kannst bei Bedarf noch einige Minzblätter als Garnitur hinzufügen.

Frischer Kiwi-Birnen Smoothie

Zubereitungszeit: 10 Minuten
Portionen: 1 Smoothie

Zutaten:

- 1 reife Kiwi, geschält und ge-würfelt
- 1 reife Birne, gewaschen, entkernt und gewürfelt
- 120 ml frisch gepresster Orangensaft
- 1 TL Chia Samen
- 1 EL frischer Bio-Zitronen-saft
- 1 Handvoll frischer Spinat, gewaschen
- 2 TL Honig
- 1/2 TL frisch geriebener Ing-wer

Zubereitung:

1. Nimm deinen Mixer und füge die Kiwi- und Birnenwürfel hinzu.
2. Gib den frisch gepressten Orangensaft, den Zitronensaft und den Ing-wer dazu.
3. Als nächstes füge die Chia Samen und den Spinat hinzu.
4. Wenn du magst, gib den Honig für zusätzliche Süße dazu. Du kannst auch mehr hinzufügen, falls du es süßer bevorzugst.
5. Schalte den Mixer auf höchster Stufe an und lass ihn laufen, bis alle Zutaten vollständig vermengt sind und du eine glatte Konsistenz er-hältst.

Rote Bete-Karotten Smoothie

Zubereitungszeit: 10 Minuten
Portionen: 1 Smoothie

Zutaten:

- 2 mittelgroße rote Bete, roh und gewürfelt
- 2 große Karotten, geschält und in kleine Stücke geschnitten
- 1 großer Apfel, entkernt und in kleine Stücke geschnitten
- 1 Stück Ingwer (ca. 2 cm), geschält und gewürfelt
- Saft von 1 Bio-Zitrone
- 1 EL Chia-Samen
- 250 ml Wasser
- Eine Prise Meersalz

Zubereitung:

1. Wasche zuerst die rote Bete und die Karotten gründlich unter fließendem Wasser. Danach schäle und schneide sie in kleine Stücke.

2. Entkerne den Apfel und schneide ihn ebenso in Stücke. Den Ingwer schälst du und würfelst ihn grob.

3. Gib alle vorbereiteten Zutaten in einen leistungsstarken Mixer. Füge den Zitronensaft, das Wasser und eine Prise Meersalz hinzu.

4. Mixe alles auf höchster Stufe, bis du einen glatten, gleichmäßigen Smoothie erhältst. Sollte der Smoothie zu dickflüssig sein, kannst du nach Belieben noch etwas Wasser hinzufügen.

5. Jetzt kommen die Chia-Samen ins Spiel. Gib sie in den Mixer und mixe noch einmal kurz auf niedriger Stufe. Fertig ist dein Smoothie.

Süßer Pfirsich-Himbeer Smoothie

Zubereitungszeit: 10 Minuten
Portionen: 1 Smoothie

Zutaten:

- 2 reife Pfirsiche, entkernt und in Würfel geschnitten
- 150 g Himbeeren, frisch oder tiefgekühlt
- 100 ml Kokoswasser
- 2 EL Haferflocken
- 1 EL Chiasamen
- 1 EL frischer Bio-Zitronensaft
- 1 EL Ahornsirup

Zubereitung:

1. Die Pfirsiche und Himbeeren waschen, trocknen und vorbereiten. Den Pfirsich entkernen und in Würfel schneiden.

2. In den Mixer alle Zutaten hinzufügen: Die vorbereiteten Pfirsiche und Himbeeren, das Kokoswasser, die Haferflocken, Chiasamen, Zitronensaft und bei Bedarf den Ahornsirup.

3. Den Mixer einschalten und alle Zutaten zu einem cremigen Smoothie verarbeiten. Wenn der Smoothie zu dick ist, füge noch etwas Kokoswasser hinzu, bis die gewünschte Konsistenz erreicht ist.

4. Schalte den Mixer ab, sobald alles gut gemischt und cremig ist.

Birne-Fenchel Smoothie

Zubereitungszeit: 10 Minuten
Portionen: 1 Smoothie

Zutaten:

- 1 reife Birne, gewaschen und in Würfel geschnitten
- 1 kleiner Fenchel, gewaschen und in dünne Streifen geschnitten
- 1 EL frischer Bio-Zitronensaft
- 5 Blätter frischer Basilikum, gewaschen
- 250 ml Hafermilch, ungesüßt
- 1 EL Chia-Samen
- 1 EL Honig (falls gewünscht)

Zubereitung:

1. Schneide zuerst die Birne und den Fenchel wie oben beschrieben.
2. Gib dann alle vorbereiteten Zutaten in einen Hochleistungsmixer.
3. Füge den Zitronensaft, den Basilikum und die Hafermilch hinzu.
4. Wenn du magst, gib den Honig dazu, um deinem Smoothie eine natürliche Süße zu verleihen.
5. Mixe alles auf höchster Stufe, bis eine glatte und cremige Konsistenz erreicht ist.
6. Füge die Chia-Samen hinzu und mixe erneut für ein paar Sekunden. Fertig.

Apfel-Avocado Smoothie

Zubereitungszeit: 10 Minuten
Portionen: 1 Smoothie

Zutaten:

- 1 Apfel, gewaschen und entkernt
- 1 reife Avocado, halbiert und entkernt
- 2 EL frisch gepresster Bio-Zitronensaft
- 1 TL frisch geriebener Ingwer
- 200 ml Mandelmilch, ungesüßt
- 1 EL Chiasamen
- 1 Prise Zimt
- Eine Handvoll frischer Spinat

Zubereitung:

1. Nimm deinen Apfel und schneide ihn in grobe Stücke. Du brauchst die Schale nicht zu entfernen, es sei denn, du möchtest es.

2. Halbiere deine Avocado und entferne den Kern. Mit einem Löffel kannst du das Fruchtfleisch ganz einfach aus der Schale lösen.

3. Jetzt kommt alles in deinen Mixer: Apfel, Avocado, Zitronensaft, geriebener Ingwer, Mandelmilch, Chiasamen und eine Prise Zimt. Zuletzt gib noch den frischen Spinat dazu.

4. Lass deinen Mixer seine Arbeit tun. Mixe alle Zutaten, bis du einen glatten, cremigen Smoothie hast. Sollte dir der Smoothie zu dickflüssig sein, kannst du einfach etwas mehr Mandelmilch hinzufügen.

Schoko-Bananen Smoothie

Zubereitungszeit: 10 Minuten
Portionen: 1 Smoothie

Zutaten:

- 1 reife Banane, in Stücke geschnitten
- 30 g rohe Kakao-Nibs, grob gehackt
- 1 TL Chia-Samen
- 240 ml Mandelmilch, ungesüßt
- 1 EL Ahornsirup
- Eine Prise Salz
- 2 EL geröstete Haferflocken
- 2 Eiswürfel

Zubereitung:

1. Schneide die Banane in mundgerechte Stücke und lege sie beiseite.

2. Hacke die Kakao-Nibs grob und stelle auch sie zur Seite.

3. Nimm deinen Smoothie-Mixer zur Hand und füge die Bananenstücke, die Kakao-Nibs, den Ahornsirup, die Chia-Samen und die Prise Salz hinzu.

4. Gieße die Mandelmilch hinzu. Wenn du deinen Smoothie lieber etwas flüssiger magst, kannst du mehr Mandelmilch hinzufügen.

5. Mixe alle Zutaten auf hoher Stufe, bis du eine gleichmäßige, cremige Konsistenz erhältst.

6. Füge die Eiswürfel hinzu und mixe erneut, bis der Smoothie gut gekühlt ist.

7. Gib den Smoothie in dein Lieblingsglas und streue die gerösteten Haferflocken darüber.

Salate

Quinoa-Brokkoli Salat

Zubereitungszeit: 30 Minuten
Portionen: 1 Person

Zutaten:

- 70 g Quinoa, gewaschen und abgetropft
- 120 g Brokkoli, in kleine Röschen geschnitten
- 15 g Mandeln, gehackt
- 60 ml frisch gepresster Bio-Zitronensaft
- 20 ml natives Olivenöl extra
- 1 kleine rote Zwiebel, fein gewürfelt
- 1 Handvoll frische Petersilie, gehackt
- Salz und Pfeffer nach Geschmack

Zubereitung:

1. Setze einen Topf mit Wasser auf den Herd und bringe es zum Kochen. Gib das Quinoa hinein und lass es etwa 15 Minuten köcheln, bis es weich ist. Gieße es anschließend durch ein Sieb und lass es abtropfen.

2. Während das Quinoa kocht, blanchiere den Brokkoli in einem anderen Topf mit kochendem Wasser für etwa 2-3 Minuten, bis er leuchtend grün und gerade noch knackig ist. Gib ihn dann sofort in eine Schüssel mit kaltem Wasser, um den Kochprozess zu stoppen.

3. In einer kleinen Pfanne ohne Öl die Mandeln anrösten, bis sie duften und leicht gebräunt sind. Achte darauf, sie nicht zu verbrennen!

4. In einer großen Schüssel den Zitronensaft, Olivenöl, Zwiebel, Petersilie, Salz und Pfeffer vermengen. Das abgetropfte Quinoa, den abgekühlten Brokkoli und die gerösteten Mandeln hinzufügen und alles gut durchmischen.

5. Abschmecken und gegebenenfalls nachwürzen.

Melonen-Gurken Salat

Zubereitungszeit: 15 Minuten
Portionen: 1 Person

Zutaten:

- 200 g Wassermelone, entkernt und in Würfel geschnitten
- 150 g Gurke, geschält und in Würfel geschnitten
- 2 EL frisch gehackte Minze
- 1 EL natives Olivenöl extra
- Saft einer halben Bio-Zitrone
- Salz und Pfeffer nach Geschmack
- 30 g Mandeln, gehackt

Zubereitung:

1. Zunächst bereitest du das Obst und Gemüse vor. Die Wassermelone und die Gurke schneidest du in gleichgroße Würfel.

2. Anschließend gibst du die Melonen- und Gurkenwürfel in eine Schüssel.

3. Nun bereitest du das Dressing zu. Du nimmst die frisch gehackte Minze, das Olivenöl und den Saft der halben Zitrone und vermischst alles gründlich miteinander. Mit Salz und Pfeffer kannst du das Dressing nach deinem Geschmack abrunden.

4. Dann gibst du das Dressing zu den Melonen- und Gurkenwürfeln und mischst alles gut durch.

5. Zum Schluss bestreust du den Salat mit den gehackten Mandeln.

Sättigender Linsensalat mit Radieschen

Zubereitungszeit: 25 Minuten
Portionen: 1 Person

Zutaten:

- 75 g grüne Linsen, abgespült
- 200 ml Wasser
- 100 g Radieschen, gewaschen und in dünne Scheiben geschnitten
- 50 g junger Spinat, gewaschen und grob gehackt
- 10 g frische Minze, fein gehackt
- 1/2 Avocado, gewürfelt
- 2 EL Bio-Zitronensaft
- 1 EL natives Olivenöl extra
- Salz und Pfeffer zum Abschmecken

Zubereitung:

1. Koche die Linsen in 200 ml Wasser nach Packungsanweisung, bis sie weich sind. Lass sie abtropfen und abkühlen.

2. In der Zwischenzeit bereite die restlichen Zutaten vor. Schneide die Radieschen und die Avocado, hacke den Spinat und die Minze.

3. In einer großen Schüssel vermische die abgekühlten Linsen, Radieschen, Spinat, Minze und Avocado. Mische alles gut durch.

4. Für das Dressing vermenge Zitronensaft und Olivenöl in einer kleinen Schüssel. Würze es mit Salz und Pfeffer nach Geschmack.

5. Gib das Dressing über den Salat und vermische alles gründlich. Lass den Salat für etwa 10 Minuten ruhen.

Blumenkohl-Apfel Salat

Zubereitungszeit: 15 Minuten
Portionen: 1 Person

Zutaten:

- 1/2 kleiner Blumenkohl, in kleine Röschen zerteilt
- 1 mittelgroßer Apfel, entkernt und in dünne Scheiben geschnitten
- 2 EL gehackte Petersilie
- 1 EL frisch gepresster Bio-Zitronensaft
- 1 EL natives Olivenöl extra
- 1/2 TL frisch geriebener Ingwer
- Salz und schwarzer Pfeffer nach Geschmack
- 1 EL gehackte Mandeln, zum Garnieren

Zubereitung:

1. Nimm deinen Blumenkohl und zerlege ihn in kleine Röschen. Gib sie in eine mittelgroße Schüssel.

2. Schneide deinen Apfel in dünne Scheiben. Füge diese Scheiben zu deinem Blumenkohl in die Schüssel hinzu.

3. Gehackte Petersilie kommt als Nächstes. Gib sie in die Schüssel und vermische alles gut miteinander.

4. Jetzt ist es an der Zeit, deinen Salat zu würzen. Presse den Saft aus der Zitrone, gib ihn in die Schüssel, füge das Olivenöl hinzu und mische alles gut durch.

5. Reibe den frischen Ingwer und füge ihn hinzu. Schmecke deinen Salat mit Salz und schwarzem Pfeffer ab.

6. Zum Schluss streue die gehackten Mandeln über den Salat.

Karotten-Beeren Salat

Zubereitungszeit: 20 Minuten
Portionen: 1 Person

Zutaten:

- 3 mittelgroße Karotten, gewaschen und grob geraspelt
- 100 g gemischte Beeren (z.B. Himbeeren, Erdbeeren, Blaubeeren), gewaschen und halbiert
- 40 g Baby Spinat, gewaschen
- 15 g frischer Basilikum, gewaschen und grob gehackt
- 30 ml natives Olivenöl extra
- 15 ml Apfelessig
- 1 TL Agavendicksaft
- Eine Prise Salz und frisch gemahlener schwarzer Pfeffer
- 20 g Mandelblättchen, leicht geröstet

Zubereitung:

1. Gib die geraspelten Karotten, die halbierten Beeren, den Baby Spinat und den Basilikum in eine große Salatschüssel.

2. In einer kleinen Schüssel verrührst du das Olivenöl, den Apfelessig und den Agavendicksaft miteinander. Gib eine Prise Salz und frisch gemahlenen schwarzen Pfeffer dazu und verrühre alles gut.

3. Gib das Dressing über den Salat und mische alles gründlich durch, bis alle Zutaten gut mit dem Dressing überzogen sind.

4. Bestreue den Salat zum Schluss mit den gerösteten Mandelblättchen.

Paprika-Mais Salat

Zubereitungszeit: 15 Minuten
Portionen: 1 Person

Zutaten:

- 1 rote Paprika, gewürfelt
- 100 g Mais aus der Dose, abgetropft
- 50 g frische Gurke, in dünne Scheiben geschnitten
- 2 EL natives Olivenöl extra
- 1 EL Apfelessig
- 1 TL frisch gepresster Bio-Zitronensaft
- 1 Handvoll frische Petersilie, fein gehackt
- Salz und Pfeffer nach Geschmack

Zubereitung:

1. Nimm die rote Paprika, entferne den Stiel und die Kerne, und würfle sie in mundgerechte Stücke.

2. Öffne eine Dose Mais und tropfe ihn ab. Stell sicher, dass du den abgetropften Mais verwendest, um überschüssige Säure zu entfernen.

3. Wasche die Gurke und schneide sie in dünne Scheiben.

4. Für das Dressing mische in einer kleinen Schüssel das Olivenöl, den Apfelessig und den frisch gepressten Zitronensaft zusammen.

5. Nimm eine Salatschüssel und füge die gewürfelte Paprika, den abgetropften Mais und die geschnittenen Gurkenscheiben hinzu.

6. Gieße das Dressing über den Salat und rühre alles gut um, damit die Zutaten gleichmäßig bedeckt sind.

7. Hacke die Petersilie fein und streue sie über den Salat.

8. Würze den Salat mit Salz und Pfeffer nach Geschmack.

Fenchel-Tomaten Salat

Zubereitungszeit: 15 Minuten
Portionen: 1 Person

Zutaten:

- 1 Fenchelknolle, gewaschen und in dünne Scheiben geschnitten
- 2 mittelgroße Tomaten, gewaschen und in Würfel geschnitten
- 1 kleine rote Zwiebel, geschält und fein gehackt
- 1 EL natives Olivenöl extra
- Saft einer halben Bio-Zitrone
- Eine Prise Meersalz
- Eine Prise frisch gemahlener schwarzer Pfeffer
- Eine Handvoll frisches Basilikum, gewaschen und grob gehackt

Zubereitung:

1. Lege die Fenchelscheiben, die Tomatenwürfel und die fein gehackte Zwiebel in eine Salatschüssel.
2. Tränke das Gemüse im Olivenöl und Zitronensaft.
3. Würze das Ganze mit Meersalz und schwarzem Pfeffer nach Geschmack.
4. Verrühre alle Zutaten vorsichtig, bis alles gut vermischt ist.
5. Lass den Salat 10 Minuten ziehen.
6. Kurz vor dem Servieren rührst du das frische Basilikum unter.

Kichererbsensalat mit Spinat und Zitrone

Zubereitungszeit: 20 Minuten
Portionen: 1 Person

Zutaten:

- 100 g Kichererbsen, bereits gekocht
- 60 g frischer Spinat, gewaschen und abgetropft
- 1/2 Bio-Zitrone, Saft und Abrieb
- 2 EL natives Olivenöl extra
- 1 kleine rote Zwiebel, fein gewürfelt
- 1 TL frischer Ingwer, gerieben
- 2 EL frische Petersilie, fein gehackt
- Salz und Pfeffer zum Abschmecken

Zubereitung:

1. Beginne mit dem Spinat. Gib ihn in eine Schüssel und tröpfle 1 EL Olivenöl darauf. Mische alles gut durch, damit der Spinat leicht ölig ist.

2. Ziehe die Zwiebel ab und würfle sie fein. Reibe den Ingwer und hacke die Petersilie fein. Gib alles zusammen in die Schüssel zum Spinat.

3. Gib nun die gekochten Kichererbsen hinzu. Achte darauf, dass sie gut abgetropft sind, damit der Salat nicht wässrig wird.

4. Jetzt kommt der Geschmack ins Spiel! Presse den Saft der halben Zitrone aus und reibe etwas von der Schale ab. Gib beides in die Schüssel.

5. Zum Schluss gibst du noch das restliche Olivenöl hinzu und würzt den Salat mit Salz und Pfeffer. Mische alles gut durch, damit die Zutaten gut miteinander vermischt sind.

6. Lasse den Salat für ein paar Minuten ziehen.

Rote Bete-Kohlrabi Salat

Zubereitungszeit: 20 Minuten
Portionen: 1 Person

Zutaten:

- 1 kleine rote Bete, gewürfelt
- 1 mittlerer Kohlrabi, in dünne Streifen geschnitten
- 1 kleiner Apfel, gewürfelt
- 2 EL frische Minzblätter, gehackt
- 1 EL natives Olivenöl extra
- Saft einer halben Bio-Zitrone
- Eine Prise Salz
- 1 TL Hanfsamen
- 1 EL Mandelsplitter

Zubereitung:

1. Reinige die rote Bete und den Kohlrabi gründlich und schneide sie in die gewünschte Form. Die rote Bete wird gewürfelt, der Kohlrabi in dünne Streifen geschnitten.

2. Nimm den Apfel, wasche ihn und würfle ihn ebenfalls.

3. Hacke die Minzblätter fein und gib sie in eine große Salatschüssel.

4. Füge die rote Bete, den Kohlrabi und den Apfel hinzu.

5. Mische den Zitronensaft mit dem Olivenöl und einer Prise Salz zu einem Dressing und gieße es über den Salat. Mische alles gut durch.

6. Streue zum Schluss die Hanfsamen und die Mandelsplitter darüber.

Frischer Kürbis-Apfel Salat

Zubereitungszeit: 20 Minuten
Portionen: 1 Person

Zutaten:

- 150 g Butternusskürbis, geschält und gewürfelt
- 1 kleiner roter Apfel, entkernt und in dünne Scheiben geschnitten
- 1 TL frisch gepresster Bio-Zitronensaft

- 1 EL natives Olivenöl extra
- Eine Prise Salz
- 1 EL Sonnenblumenkerne
- 1 Handvoll Rucola, gewaschen und getrocknet
- 1 TL Chia-Samen

Zubereitung:

1. Koche den gewürfelten Kürbis in einem kleinen Topf mit Wasser für etwa 10 Minuten, bis er weich ist. Gieße das Wasser ab und lass den Kürbis abkühlen.

2. Während der Kürbis kocht, legst du die Apfelscheiben in eine Schüssel und beträufelst sie mit dem Zitronensaft. Rühre vorsichtig um, damit jede Scheibe bedeckt ist. Das verhindert, dass der Apfel braun wird und fügt eine angenehme Säure hinzu.

3. In einer separaten Schüssel vermischt du das Olivenöl und das Salz. Füge die abgekühlten Kürbiswürfel und die Apfelscheiben hinzu und rühre vorsichtig um.

4. Gib nun den Rucola und die Sonnenblumenkerne hinzu. Rühre alles noch einmal um, damit alle Zutaten gut miteinander vermischt sind.

5. Zum Schluss streust du die Chia-Samen über den Salat.

Suppen

Pikante Kürbiscremesuppe

Zubereitungszeit: 30 Minuten
Portionen: 1 Person

Zutaten:

- 200 g Hokkaido-Kürbis, gewaschen und gewürfelt
- 200 ml Kokosmilch, ungesüßt
- 1 EL natives Olivenöl extra
- 1 kleine Zwiebel, gewürfelt
- 1 TL frischer Ingwer, gerieben
- 1 TL Kurkuma, gemahlen
- 1 TL Kreuzkümmel, gemahlen
- Salz und Pfeffer, nach Geschmack
- Frisches Korianderblatt, zum Garnieren
- 1 EL Kokoschips, zum Garnieren

Zubereitung:

1. In einem Topf das Olivenöl erhitzen. Zwiebelwürfel darin glasig dünsten.
2. Die Kürbiswürfel hinzufügen und etwa 5 Minuten anbraten.
3. Ingwer, Kurkuma und Kreuzkümmel unterrühren und kurz mitbraten.
4. Mit der Kokosmilch ablöschen und mit Salz und Pfeffer abschmecken. Auf kleiner Flamme 15 Minuten köcheln lassen, bis der Kürbis weich ist.
5. Die Suppe mit einem Stabmixer fein pürieren. Falls die Konsistenz zu dick ist, kannst du ein wenig Wasser hinzufügen.
6. Die Suppe in eine Schüssel geben, mit Kokoschips und frischem Korianderblatt garnieren.

Herzhafte Linsensuppe

Zubereitungszeit: 30 Minuten
Portionen: 1 Person

Zutaten:

- 50 g grüne Linsen, gewaschen und abgetropft
- 1 kleine Karotte, gewürfelt
- 1 kleine Selleriestange, gewürfelt
- 1 kleine Zwiebel, fein gehackt
- 2 EL natives Olivenöl extra
- 500 ml Gemüsebrühe
- 1 TL Kurkuma
- Salz und Pfeffer nach Geschmack
- 1 EL Petersilie, gehackt
- 1 EL Basilikum, gehackt

Zubereitung:

1. Du erhitzt das Olivenöl in einem Topf und gibst die Zwiebeln dazu. Dünste sie, bis sie weich und leicht golden sind.

2. Füge die Karotten und Sellerie hinzu und dünste weiter, bis sie weich sind.

3. Gib die Linsen, die Gemüsebrühe und das Kurkuma hinzu. Rühre gut um und lass es aufkochen.

4. Sobald die Suppe kocht, reduziere die Hitze und lass sie 20 Minuten köcheln, bis die Linsen weich sind.

5. Würze mit Salz und Pfeffer nach deinem Geschmack und füge dann die gehackte Petersilie und das Basilikum hinzu. Lass die Suppe weitere 5 Minuten köcheln. Fertig.

Karotten-Ingwer Suppe

Zubereitungszeit: 25 Minuten
Portionen: 1 Person

Zutaten:

- 200 g Karotten, geschält und in kleine Stücke geschnitten
- 20 g frischer Ingwer, geschält und fein gehackt
- 500 ml Gemüsebrühe
- 1 EL natives Olivenöl extra
- 1 TL Meersalz
- 1 TL frisch gemahlener schwarzer Pfeffer
- 1 EL Bio-Zitronensaft
- 1 TL Kurkuma
- 1 EL frischer Koriander, fein gehackt

Zubereitung:

1. Erhitze das Olivenöl in einem mittelgroßen Topf. Gib die Karottenstücke und den gehackten Ingwer hinzu und dünste beides bei mittlerer Hitze an, bis die Karotten weich werden.

2. Füge die Gemüsebrühe hinzu und lass die Suppe etwa 15 Minuten köcheln, bis die Karotten vollständig weich sind.

3. Nimm den Topf vom Herd und püriere die Suppe mit einem Stabmixer, bis sie eine cremige Konsistenz hat.

4. Füge den Zitronensaft, das Meersalz, den schwarzen Pfeffer und das Kurkuma hinzu. Rühre alles gut um und schmecke die Suppe ab. Gib bei Bedarf mehr Gewürze hinzu.

5. Bestreue die Suppe mit dem frisch gehackten Koriander.

Brokkolicremesuppe mit Mandeln

Zubereitungszeit: 30 Minuten
Portionen: 1 Person

Zutaten:

- 200 g Brokkoli, in Röschen geteilt
- 50 g Mandeln, gehackt und geröstet
- 1 kleine Zwiebel, gewürfelt
- 1 EL natives Olivenöl extra
- 500 ml Gemüsebrühe
- Salz nach Geschmack
- Schwarzer Pfeffer nach Geschmack
- 1 TL Basilikum, getrocknet
- 1 EL Mandelmus
- Frische Petersilie zum Garnieren, gehackt

Zubereitung:

1. Erhitze das Olivenöl in einem Topf und dünste die Zwiebeln darin an, bis sie glasig sind.
2. Füge den Brokkoli hinzu und gare ihn 5 Minuten mit.
3. Gieße die Gemüsebrühe dazu und bringe sie zum Kochen. Lass alles etwa 15 Minuten bei mittlerer Hitze köcheln, bis der Brokkoli weich ist.
4. Gib das Mandelmus dazu und püriere die Suppe mit einem Stabmixer, bis sie eine cremige Konsistenz hat. Schmecke mit Salz, Pfeffer und Basilikum ab.
5. Fülle die Suppe in eine Schüssel und streue die gerösteten Mandeln und frische Petersilie darüber.

Erbsensuppe mit frischer Minze

Zubereitungszeit: 30 Minuten
Portionen: 1 Person

Zutaten:

- 150 g frische grüne Erbsen
- 1 kleine Zwiebel, fein gewürfelt
- 1 kleines Stück Ingwer, fein gerieben
- 200 ml Gemüsebrühe
- 1 EL natives Olivenöl extra
- 1 Handvoll frische Minze, gehackt
- Salz und Pfeffer nach Geschmack

Zubereitung:

1. Du erhitzt das Olivenöl in einem Topf und gibst die fein gewürfelte Zwiebel hinein. Du lässt die Zwiebel bei mittlerer Hitze glasig dünsten.

2. Dann fügst du den fein geriebenen Ingwer hinzu und lässt ihn ein paar Minuten mitdünsten.

3. Die frischen grünen Erbsen kommen jetzt in den Topf. Du gibst sie zu den Zwiebeln und dem Ingwer und lässt alles zusammen für etwa 5 Minuten köcheln.

4. Nun gießt du die Gemüsebrühe hinzu und lässt die Suppe für etwa 15 Minuten auf kleiner Flamme köcheln, bis die Erbsen weich sind.

5. Sobald die Erbsen weich sind, pürierst du die Suppe mit einem Stabmixer, bis sie schön cremig ist. Wenn du magst, kannst du ein paar Erbsen zur Seite legen, um die Suppe später damit zu garnieren.

6. Jetzt schmeckst du die Suppe mit Salz und Pfeffer ab und fügst die gehackte Minze hinzu. Du rührst die Minze unter und lässt die Suppe noch für etwa 2 Minuten köcheln. Fertig.

Tomatensuppe mit Zucchini und Basilikum

Zubereitungszeit: 25 Minuten
Portionen: 1 Person

Zutaten:

- 150 g reife Tomaten, gewürfelt
- 100 g Zucchini, in Scheiben geschnitten
- 1 kleine rote Zwiebel, fein gehackt
- 1 Knoblauchzehe, fein gehackt
- 1 EL natives Olivenöl extra
- 250 ml Gemüsebrühe
- 1 Prise Salz
- 1 Prise schwarzer Pfeffer
- 5 frische Basilikumblätter, fein gehackt
- 1 TL Bio-Zitronensaft

Zubereitung:

1. Erhitze das Olivenöl in einem Topf und füge die gehackte Zwiebel und den Knoblauch hinzu. Dünste sie, bis sie weich und durchsichtig sind, nicht braun werden.

2. Füge nun die Zucchinischeiben hinzu und brate sie einige Minuten an, bis sie leicht gebräunt sind.

3. Gib nun die gewürfelten Tomaten dazu. Mische gut und lasse sie etwa 5 Minuten mitkochen, bis sie weich werden.

4. Gieße die Gemüsebrühe dazu und bringe die Suppe zum Kochen. Lasse sie dann 10 Minuten köcheln.

5. Nach der Kochzeit schalte die Hitze aus und gib die fein gehackten Basilikumblätter und den Zitronensaft in die Suppe. Würze mit Salz und Pfeffer.

6. Püriere die Suppe mit einem Handmixer, bis sie schön glatt und cremig ist.

7. Erhitze die Suppe noch einmal kurz auf und genieße sie heiß.

Scharfe Linsen-Kokos Suppe

Zubereitungszeit: 25 Minuten
Portionen: 1 Person

Zutaten:

- 70 g rote Linsen, gewaschen
- 1/2 rote Paprika, gewürfelt
- 1 kleine Zwiebel, gewürfelt
- 1 Knoblauchzehe, fein gehackt
- 1 EL Kokosöl
- 1/2 TL scharfes Paprikapulver
- 500 ml Gemüsebrühe
- 100 ml Kokosmilch
- Eine Handvoll frischer Koriander, gehackt
- 1 EL Bio-Zitronensaft
- Salz und Pfeffer nach Geschmack

Zubereitung:

1. Erhitze das Kokosöl in einem Topf und dünste darin die Zwiebeln und Knoblauch bis sie glasig sind.

2. Füge die rote Paprika hinzu und brate sie einige Minuten mit.

3. Streue das scharfe Paprikapulver dazu und rühre gut um.

4. Gib nun die roten Linsen in den Topf und gieße die Gemüsebrühe dazu. Lass die Suppe auf mittlerer Hitze 15 Minuten köcheln.

5. Wenn die Linsen weich sind, gieße die Kokosmilch dazu. Lass die Suppe nochmals 5 Minuten auf kleiner Flamme köcheln.

6. Nimm den Topf vom Herd und rühre den frischen Koriander und Zitronensaft ein. Schmecke die Suppe mit Salz und Pfeffer ab.

Grüne Zucchinisuppe mit Petersilie

Zubereitungszeit: 20 Minuten
Portionen: 1 Person

Zutaten:

- 1 mittelgroße Zucchini, gewaschen und in Würfel geschnitten
- 1 kleine Zwiebel, geschält und gewürfelt
- 1 Knoblauchzehe, geschält und fein gehackt
- 1 EL natives Olivenöl extra
- 200 ml Gemüsebrühe
- 20 g frische Petersilie, gewaschen und grob gehackt
- 1 TL Bio-Zitronensaft
- Salz und Pfeffer zum Abschmecken

Zubereitung:

1. Erhitze das Olivenöl in einem Topf über mittlerer Hitze.
2. Füge die gewürfelte Zwiebel und den gehackten Knoblauch hinzu und dünste sie, bis sie weich sind.
3. Gib die gewürfelte Zucchini in den Topf und brate sie einige Minuten mit an, bis sie leicht gebräunt sind.
4. Füge die Gemüsebrühe hinzu, bringe die Mischung zum Kochen und lasse sie etwa 10 Minuten köcheln, bis die Zucchini weich ist.
5. Nimm den Topf vom Herd und füge die gehackte Petersilie und den Zitronensaft hinzu.
6. Püriere die Suppe mit einem Stabmixer, bis sie glatt ist. Schmecke sie mit Salz und Pfeffer ab.

Klassische Kartoffelsuppe mit frischen Kräutern

Zubereitungszeit: 35 Minuten
Portionen: 1 Person

Zutaten:

- 300 g Kartoffeln, gewaschen und gewürfelt
- 1 EL natives Olivenöl extra
- 1 kleine Zwiebel, geschält und gehackt
- 1 kleine Knoblauchzehe, geschält und fein gehackt
- 1 Liter Gemüsebrühe
- 1 Bund frische Kräuter (z.B. Petersilie, Schnittlauch), gewaschen und gehackt
- Salz und Pfeffer nach Geschmack

Zubereitung:

1. Erhitze das Olivenöl in einem Topf und gib die gehackte Zwiebel hinzu. Lass sie 2-3 Minuten dünsten, bis sie weich und durchsichtig wird.

2. Füge den Knoblauch hinzu und brate ihn eine Minute lang mit.

3. Nun gib die gewürfelten Kartoffeln hinzu und brate sie unter ständigem Rühren etwa 5 Minuten mit.

4. Übergieße das Ganze mit der Gemüsebrühe. Lass die Suppe auf mittlerer Hitze etwa 20 Minuten köcheln, bis die Kartoffeln weich sind.

5. Püriere die Suppe anschließend mit einem Stabmixer, bis sie glatt und cremig ist.

6. Schmecke die Suppe mit Salz und Pfeffer ab und rühre die frischen Kräuter unter.

Pastinakensuppe

Zubereitungszeit: 25 Minuten
Portionen: 1 Person

Zutaten:

- 150 g Pastinaken, geschält und gewürfelt
- 1 kleine Birne, geschält, entkernt und gewürfelt
- 1 kleine Zwiebel, gewürfelt
- 1 TL Currypulver
- 500 ml Gemüsebrühe
- 1 EL natives Olivenöl extra
- Salz und Pfeffer nach Geschmack
- Ein paar frische Korianderblätter zur Garnierung

Zubereitung:

1. Erhitze das Olivenöl in einem Topf und gib die Zwiebel hinein. Dünste sie, bis sie glasig ist.

2. Füge die Pastinakenwürfel hinzu und brate sie einige Minuten mit.

3. Streue das Currypulver darüber und vermische alles gut. Lasse die Aromen ein paar Minuten zusammen köcheln.

4. Füge nun die Birnenwürfel hinzu und gieße die Gemüsebrühe darüber. Lasse die Suppe etwa 15 Minuten lang köcheln, bis die Pastinaken weich sind.

5. Verwende nun einen Stabmixer, um die Suppe zu einer glatten Konsistenz zu pürieren. Schmecke mit Salz und Pfeffer ab.

6. Fülle die Suppe in eine Schale und garniere sie mit ein paar frischen Korianderblättern.

Hauptgerichte

Gemüsecurry mit Kokosmilch

Zubereitungszeit: 25 Minuten
Portionen: 1 Person

Zutaten:

- 1 kleine Karotte, in dünne Scheiben geschnitten
- 1 kleine Zucchini, gewürfelt
- 1 kleine Paprika, in Streifen
- 50 g Brokkoli, in Röschen
- 1 kleine Frühlingszwiebel, fein geschnitten
- 1 EL Kokosöl
- 1 TL Currypulver
- 1 TL Ingwer, frisch gerieben
- 200 ml Kokosmilch
- Salz und Pfeffer nach Geschmack
- Frische Korianderblätter, gehackt, zum Garnieren

Zubereitung:

1. Erhitze das Kokosöl in einer Pfanne bei mittlerer Hitze. Gib die Karotte, Zucchini, Paprika und Brokkoli hinzu und dünste das Gemüse etwa 5 Minuten, bis es weich, aber noch bissfest ist.

2. Füge Currypulver und Ingwer hinzu und brate das Gemüse unter ständigem Rühren 1 Minute lang an, damit sich die Gewürze entfalten.

3. Gieße die Kokosmilch über das Gemüse und lass es 10-15 Minuten köcheln, bis die Flüssigkeit leicht reduziert und das Gemüse weich ist. Würze mit Salz und Pfeffer nach Geschmack.

4. Vom Herd nehmen, in eine Schüssel geben und mit den Frühlingszwiebeln und Korianderblättern garnieren.

Knusprige Kartoffelpfanne

Zubereitungszeit: 25 Minuten
Portionen: 1 Person

Zutaten:

- 250 g kleine, festkochende Kartoffeln, gewaschen und halbiert
- 2 EL natives Olivenöl extra
- 1/2 TL Salz
- 200 g frischer Spinat, gewaschen und grob gehackt
- 2 Knoblauchzehen, fein gehackt
- 1 EL Bio-Zitronensaft
- 30 g Mandeln, grob gehackt
- 1 TL Chiliflocken, nach Belieben

Zubereitung:

1. Lege die halbierten Kartoffeln in eine Pfanne mit 1 EL Olivenöl und Salz. Brate sie auf mittlerer Hitze etwa 10-15 Minuten, bis sie goldbraun und knusprig sind. Rühre sie gelegentlich um, um ein gleichmäßiges Anbraten zu gewährleisten.

2. Während die Kartoffeln braten, erhitzt du in einer anderen Pfanne das restliche Olivenöl. Füge den Knoblauch hinzu und brate ihn kurz an, bis er duftet.

3. Füge den frischen Spinat in die Pfanne mit dem Knoblauch. Dünste den Spinat, bis er zusammenfällt. Das dauert etwa 3-5 Minuten. Füge den Zitronensaft hinzu und rühre alles gut um.

4. Sobald die Kartoffeln fertig sind, füge sie der Spinatpfanne hinzu. Vermische alles gut und lasse es noch etwa 2 Minuten auf dem Herd.

5. In der Zwischenzeit röste die Mandeln in einer kleinen Pfanne ohne Öl, bis sie duften und leicht gebräunt sind. Sei vorsichtig, dass sie nicht verbrennen.

6. Serviere die Kartoffelpfanne mit den gerösteten Mandeln und den Chiliflocken. Du kannst sie nach Belieben über das Gericht streuen.

Grünes Risotto

Zubereitungszeit: 30 Minuten
Portionen: 1 Person

Zutaten:

- 50 g Risottoreis
- 150 ml Gemüsebrühe
- 75 g Brokkoli, in kleine Röschen geschnitten
- 50 g Erbsen, frisch oder tiefgekühlt
- 1 EL natives Olivenöl extra
- 1 kleine Schalotte, fein gehackt
- 1 TL frische Minze, gehackt
- 1 TL frische Petersilie, gehackt
- Salz und Pfeffer nach Geschmack
- 1 EL Mandelblättchen, leicht geröstet

Zubereitung:

1. Erhitze das Olivenöl in einer Pfanne, gib die Schalotte hinzu und dünste sie glasig an.
2. Füge den Risottoreis hinzu und brate ihn kurz mit an, bis er ebenfalls glasig wird.
3. Gieße nach und nach die Gemüsebrühe hinzu, immer dann, wenn die Flüssigkeit aufgesogen ist.
4. Koche den Brokkoli in einem separaten Topf für 3 Minuten und füge die Erbsen für die letzten 2 Minuten hinzu. Abgießen und beiseite stellen.
5. Füge das Gemüse zum Risotto hinzu, wenn der Reis fast gar ist. Rühre die Minze und Petersilie unter und würze mit Salz und Pfeffer.
6. Garniere mit den gerösteten Mandelblättchen.

Mediterrane Auberginen-Rollen

Zubereitungszeit: 30 Minuten
Portionen: 1 Person

Zutaten:

- 1 mittelgroße Aubergine, längs in dünne Scheiben geschnitten
- 100 g Quinoa, gekocht
- 30 g Spinat, frisch
- 10 g Basilikum, frisch gehackt
- 30 ml natives Olivenöl extra
- 1 TL Bio-Zitronensaft
- Salz und Pfeffer zum Abschmecken

Zubereitung:

1. Heize den Ofen auf 180 Grad vor.

2. Bestreiche die Auberginenscheiben auf beiden Seiten leicht mit Olivenöl. Lege sie auf ein mit Backpapier ausgelegtes Backblech und backe sie etwa 10 Minuten, bis sie weich und leicht gebräunt sind.

3. Während die Auberginen backen, vermische in einer Schüssel das gekochte Quinoa, den frischen Spinat und das gehackte Basilikum.

4. Gib das restliche Olivenöl und den Zitronensaft hinzu, würze mit Salz und Pfeffer und vermische alles gut.

5. Nimm die Auberginen aus dem Ofen und lass sie kurz abkühlen.

6. Verteile die Quinoa-Mischung gleichmäßig auf den Auberginenscheiben und rolle sie vorsichtig auf.

7. Lege die fertigen Auberginen-Rollen mit der Nahtseite nach unten auf einen Teller.

Vegane Lasagne mit Zucchini und Auberginen

Zubereitungszeit: 60 Minuten
Portionen: 1 Person

Zutaten:

- 1 kleine Zucchini, gewaschen und in dünne Scheiben geschnitten
- 1 kleine Aubergine, gewaschen und in dünne Scheiben geschnitten
- 200 g frische Tomaten, gewaschen und gewürfelt
- 2 EL natives Olivenöl extra
- 1 Zwiebel, geschält und fein gehackt
- 1 Knoblauchzehe, geschält und fein gehackt
- 1 EL frischer Basilikum, gewaschen und fein gehackt
- 1 EL frischer Oregano, gewaschen und fein gehackt
- Salz und Pfeffer nach Geschmack
- 50 g Cashewnüsse, eingeweicht und abgetropft
- 150 ml Wasser

Zubereitung:

1. Heize deinen Backofen auf 180 Grad vor.

2. In einer Pfanne das Olivenöl erhitzen und die Zwiebel und den Knoblauch darin glasig dünsten. Die gewürfelten Tomaten, Basilikum und Oregano hinzufügen. Mit Salz und Pfeffer abschmecken.

3. Die Cashewnüsse in einem Mixer mit Wasser zu einer cremigen Sauce verarbeiten. Mit Salz und Pfeffer abschmecken.

4. In einer Auflaufform abwechselnd Zucchini und Auberginen schichten, mit der Tomatensauce und der Cashewsauce bedecken. Diesen Vorgang wiederholen, bis alle Zutaten aufgebraucht sind. Die letzte Schicht sollte aus Gemüse und dann Tomatensauce bestehen.

5. Die Lasagne im vorgeheizten Backofen für etwa 30 Minuten backen, bis das Gemüse weich und die Oberfläche leicht gebräunt ist.

6. Zum Schluss lass die Lasagne kurz abkühlen.

Gebackene Süßkartoffeln mit Avocado-Dip

Zubereitungszeit: 40 Minuten
Portionen: 1 Person

Zutaten:

- 1 mittelgroße Süßkartoffel, geschält und in Stifte geschnitten
- 1 TL natives Olivenöl extra
- Salz und Pfeffer nach Geschmack
- 1 reife Avocado, halbiert und entkernt
- Saft einer halben Bio-Zitrone
- 1 kleine Knoblauchzehe, fein gehackt
- 2 EL frische Petersilie, gehackt
- 50 ml Wasser
- 1 TL Apfelessig
- 1 Prise Chili-Flocken

Zubereitung:

1. Heize den Ofen auf 200 Grad vor. Lege ein Backblech mit Backpapier aus.

2. Vermenge die Süßkartoffelstifte mit Olivenöl, Salz und Pfeffer in einer Schüssel. Verteile sie gleichmäßig auf dem Backblech.

3. Backe die Süßkartoffeln für 20 Minuten im Ofen, bis sie goldbraun und knusprig sind. Wende sie nach 10 Minuten.

4. Während die Süßkartoffeln backen, bereite den Avocado-Dip zu. Hierfür die Avocado mit einer Gabel in einer Schüssel zerdrücken.

5. Füge den Zitronensaft, den Knoblauch, die Petersilie, das Wasser, den Apfelessig und die Chili-Flocken hinzu. Vermenge alles gut.

6. Nach Geschmack salzen und pfeffern. Dein Dip ist nun fertig.

7. Wenn die Süßkartoffeln fertig sind, aus dem Ofen nehmen und kurz abkühlen lassen. Danach kannst du sie mit dem Avocado-Dip befüllen.

Bunte Gemüsepfanne mit Mandeln

Zubereitungszeit: 25 Minuten
Portionen: 1 Person

Zutaten:

- 50 g Mandeln, grob gehackt
- 100 g Zucchini, in Scheiben geschnitten
- 100 g Brokkoli, in kleine Röschen geteilt
- 50 g rote Paprika, gewürfelt
- 50 g gelbe Paprika, gewürfelt
- 2 EL natives Olivenöl extra
- Salz und Pfeffer nach Geschmack
- 1 EL Bio-Zitronensaft, frisch gepresst
- 1 TL frischer Basilikum, gehackt
- 1 TL frischer Koriander, gehackt

Zubereitung:

1. Die Mandeln in einer Pfanne ohne Öl bei mittlerer Hitze rösten, bis sie duften. Danach beiseite stellen.

2. Das Olivenöl in der Pfanne erhitzen. Zucchini, Brokkoli und Paprika hinzufügen und bei mittlerer Hitze 10-15 Minuten braten, bis sie zart sind. Gelegentlich umrühren.

3. Das Gemüse mit Salz, Pfeffer und Zitronensaft würzen.

4. Die gerösteten Mandeln, den Basilikum und den Koriander über das Gemüse streuen und alles gut miteinander vermischen.

5. Die Pfanne vom Herd nehmen und das Gericht servieren.

Gnocchi

Zubereitungszeit: 30 Minuten
Portionen: 1 Person

Zutaten:

- 150 g Gnocchi, frisch aus dem Kühlregal
- 100 g Spinat, frisch und gewaschen
- 1 Bio-Zitrone, Saft und Abrieb
- 1 EL natives Olivenöl extra
- 50 ml Mandelmilch, ungesüßt
- 1 TL Mandelmus
- Salz und Pfeffer, nach Geschmack
- 1 TL Basilikum, frisch gehackt
- 1 TL Petersilie, frisch gehackt

Zubereitung:

1. Koche die Gnocchi in einem Topf mit leicht gesalzenem Wasser, bis sie an der Oberfläche schwimmen, dann abgießen und beiseitestellen.

2. In einer großen Pfanne das Olivenöl erhitzen, den Spinat hinzufügen und kurz dünsten, bis er zusammenfällt.

3. Füge die Gnocchi zum Spinat in die Pfanne und rühre vorsichtig um, sodass sie sich gut vermischen.

4. In einem kleinen Topf die Mandelmilch, das Mandelmus, den Zitronensaft und -abrieb erhitzen. Mit Salz und Pfeffer abschmecken.

5. Die Zitronensauce über die Gnocchi und den Spinat gießen und vorsichtig vermengen.

6. Mit frisch gehacktem Basilikum und Petersilie bestreuen.

Zucchini-Nudeln mit Avocado-Pesto

Zubereitungszeit: 20 Minuten
Portionen: 1 Person

Zutaten:

- 1 mittelgroße Zucchini, spiralförmig in Nudeln geschnitten
- 1 reife Avocado, halbiert und entkernt
- 1 EL frische Basilikumblätter, fein gehackt
- 1 EL frische Petersilie, fein gehackt
- 1 EL frischer Bio-Zitronensaft
- 2 EL natives Olivenöl extra
- 1 kleine Knoblauchzehe, fein gehackt
- Salz und Pfeffer nach Geschmack
- 2 EL Pinienkerne
- 50 g Rucola, gewaschen

Zubereitung:

1. Die Avocado mit dem Basilikum, der Petersilie, dem Zitronensaft, dem Olivenöl, dem Knoblauch, Salz und Pfeffer in einem Mixer glatt pürieren.

2. Die Pinienkerne in einer Pfanne ohne Öl bei mittlerer Hitze rösten, bis sie goldbraun sind.

3. Die Zucchini-Nudeln in einer großen Pfanne mit 1 EL Olivenöl bei mittlerer Hitze 3-4 Minuten anbraten, bis sie erwärmt sind.

4. Das Avocado-Pesto zu den Zucchini-Nudeln geben und gut vermischen.

5. Auf einem Teller anrichten und mit den gerösteten Pinienkernen und Rucola garnieren.

Gebackene Kürbisspalten mit Kräuterquark

Zubereitungszeit: 45 Minuten
Portionen: 1 Person

Zutaten:

- 250 g Butternut-Kürbis, entkernt und in Spalten geschnitten
- 1 EL natives Olivenöl extra
- 1/2 TL Meersalz
- 1/4 TL frisch gemahlener schwarzer Pfeffer
- 100 g Quark, fettarm
- 1 EL frische Kräuter (Petersilie, Schnittlauch, Basilikum), fein gehackt
- 1 kleine Knoblauchzehe, fein gehackt
- 1 EL Bio-Zitronensaft

Zubereitung:

1. Heize deinen Ofen auf 200 Grad vor.

2. Lege die Kürbisspalten auf ein mit Backpapier ausgelegtes Backblech. Träufle das Olivenöl darüber und würze sie mit Salz und Pfeffer. Vermische alles gut, sodass die Spalten rundum mit Öl und Gewürzen bedeckt sind.

3. Backe die Kürbisspalten im vorgeheizten Ofen für etwa 30 Minuten, bis sie weich und goldbraun sind. Während die Kürbisspalten backen, kannst du den Kräuterquark vorbereiten.

4. Für den Kräuterquark vermische den Quark, die fein gehackten Kräuter, den Knoblauch und den Zitronensaft in einer kleinen Schüssel. Schmecke es mit Salz und Pfeffer ab.

5. Sobald die Kürbisspalten fertig sind, nimm sie aus dem Ofen und lasse sie ein paar Minuten abkühlen.

6. Richte die gebackenen Kürbisspalten auf einem Teller an und serviere sie mit dem Kräuterquark.

Snacks

Knusprige Gemüsechips

Zubereitungszeit: 30 Minuten
Portionen: 1 Person

Zutaten:

- 100 g Süßkartoffel, in dünne Scheiben geschnitten
- 100 g Pastinake, in dünne Scheiben geschnitten
- 100 g Karotten, in dünne Scheiben geschnitten
- 2 EL natives Olivenöl extra
- 1 TL Salz
- 1/2 TL Pfeffer
- 1 TL frischer Rosmarin, fein gehackt
- 1 TL frischer Thymian, fein gehackt

Zubereitung:

1. Heize den Ofen auf 180 Grad vor.

2. Lege ein Backblech mit Backpapier aus.

3. Mische die Gemüsescheiben mit dem Olivenöl, Salz, Pfeffer, Rosmarin und Thymian in einer Schüssel.

4. Verteile die Gemüsescheiben gleichmäßig auf dem Backblech, sodass sie sich nicht überlappen.

5. Backe sie im vorgeheizten Ofen für 20-25 Minuten oder bis sie knusprig sind, dabei einmal wenden.

6. Lass die Gemüsechips auf dem Backblech auskühlen, damit sie noch knuspriger werden.

Sellerie-Sticks mit Dip

Zubereitungszeit: 15 Minuten
Portionen: 1 Person

Zutaten:

- 1 mittelgroßer Selleriestange, gewaschen und in Sticks geschnitten
- 1 reife Avocado, halbiert und entkernt
- Saft von 1/2 Bio-Zitrone
- 1 kleine Knoblauchzehe, gepresst
- 2 EL natives Olivenöl extra
- 1 TL Salz
- 1/2 TL Pfeffer
- 1 EL frischer Schnittlauch, fein gehackt
- 50 ml Wasser

Zubereitung:

1. Die Avocadohälfte in eine Schüssel geben und mit einer Gabel zerdrücken.

2. Den Zitronensaft, gepressten Knoblauch, Olivenöl, Salz und Pfeffer hinzufügen und gut vermischen.

3. Das Wasser nach und nach hinzufügen, bis die gewünschte Konsistenz erreicht ist.

4. Den Schnittlauch unterheben und den Avocado-Dip abschmecken.

5. Die Sticks auf einem Teller anrichten und den Avocado-Dip dazu servieren.

Frische Gurkenröllchen mit Mandelfüllung

Zubereitungszeit: 15 Minuten
Portionen: 1 Person

Zutaten:

- 1 große Gurke, geschält und längs in dünne Streifen geschnitten
- 50 g Mandeln, geröstet und grob gehackt
- 50 g Feta-Käse, zerbröselt
- 1 TL frischer Dill, fein gehackt
- 1 TL frische Minze, fein gehackt
- 1 EL natives Olivenöl extra
- Salz und Pfeffer nach Geschmack

Zubereitung:

1. Schneide die Gurke mit einem Sparschäler oder einem speziellen Schneidewerkzeug längs in dünne Streifen. Lege die Gurkenstreifen auf ein sauberes Küchentuch und tupfe sie trocken.

2. In einer kleinen Schüssel mischst du die Mandeln, den Feta-Käse, den Dill und die Minze zusammen. Füge das Olivenöl hinzu und würze mit Salz und Pfeffer nach deinem Geschmack. Mische alles gut durch.

3. Lege nun jeweils einen Gurkenstreifen auf eine Arbeitsfläche. Verteile einen gehäuften Teelöffel der Mandelfüllung am Anfang des Gurkenstreifens.

4. Rolle den Gurkenstreifen vorsichtig auf, sodass die Füllung sicher eingeschlossen ist.

5. Wiederhole diesen Vorgang mit den restlichen Gurkenstreifen und der Mandelfüllung.

6. Lege die gefüllten Gurkenröllchen auf eine Servierplatte.

Leckere Quinoa-Bällchen

Zubereitungszeit: 35 Minuten
Portionen: 10 Bällchen

Zutaten:

- 100 g Quinoa, gründlich gewaschen
- 200 ml Wasser
- 1 EL natives Olivenöl extra
- 1 kleine Zwiebel, fein gewürfelt
- 1 Karotte, fein geraspelt
- 1/2 Zucchini, entkernt und fein geraspelt
- 2 EL gemahlene Mandeln
- 1 EL frische Petersilie, fein gehackt
- Salz und Pfeffer nach Geschmack
- **Für den Dip:**
- 100 g Avocado, püriert
- Saft einer halben Bio-Zitrone
- Salz und Pfeffer nach Geschmack

Zubereitung:

1. Koche das Quinoa nach Packungsanweisung in den 200 ml Wasser. Lass es danach etwas abkühlen.

2. Erhitze das Olivenöl in einer Pfanne und dünste die Zwiebeln darin glasig. Füge die Karotte und Zucchini hinzu und brate alles zusammen für etwa 5 Minuten.

3. Vermische das gebratene Gemüse mit dem gekochten Quinoa, den gemahlenen Mandeln und der Petersilie. Würze mit Salz und Pfeffer.

4. Forme aus der Mischung 10 gleich große Bällchen.

5. Für den Dip mische die pürierte Avocado mit dem Zitronensaft und würze mit Salz und Pfeffer.

6. Die Bällchen auf einem Teller anrichten und den Avocado-Dip dazu servieren.

Bananen-Pancakes

Zubereitungszeit: 15 Minuten
Portionen: 3 Pancakes

Zutaten:

- 1 reife Banane, zerdrückt
- 40 g Buchweizenmehl
- 50 ml Mandelmilch, ungesüßt
- 1 TL Backpulver
- 1 Prise Salz
- 1 EL Kokosöl, zum Braten
- 1 TL Agavensirup, zum Garnieren

Zubereitung:

1. In einer Schüssel die zerdrückte Banane, das Buchweizenmehl, die Mandelmilch, das Backpulver und das Salz vermengen. Gut verrühren, bis ein glatter Teig entsteht.

2. Das Kokosöl in einer Pfanne bei mittlerer Hitze erhitzen.

3. Pro Pancake etwa ein Drittel des Teigs in die Pfanne geben und 2-3 Minuten von jeder Seite goldbraun braten.

4. Die Pancakes auf einen Teller legen und mit dem Agavensirup garnieren.

Schnelle Avocado-Tomaten-Bruschetta

Zubereitungszeit: 15 Minuten
Portionen: 2 Bruschetta

Zutaten:

- 1 reife Avocado, halbiert und entkernt
- 2 Tomaten, gewürfelt
- 2 Scheiben Vollkornbrot, geröstet
- 1 EL natives Olivenöl extra
- 1 TL frisch gepresster Bio-Zitronensaft
- Eine Prise Salz und Pfeffer
- 1 TL frisches Basilikum, gehackt
- 1 kleine Schalotte, fein gewürfelt

Zubereitung:

1. Die Avocado aus der Schale lösen und in einer Schüssel mit einer Gabel zerdrücken.

2. Tomaten, Schalotte, Zitronensaft, Basilikum, Salz und Pfeffer hinzufügen. Alles gut vermengen.

3. Das Vollkornbrot mit Olivenöl bestreichen und kurz in einer Pfanne rösten, bis es knusprig ist.

4. Die Avocado-Tomaten-Mischung auf das geröstete Brot geben und gleichmäßig verteilen.

Karotten-Zucchini-Puffer

Zubereitungszeit: 20 Minuten
Portionen: 5 Puffer

Zutaten:

- 1 mittelgroße Karotte, grob geraspelt
- 1 kleine Zucchini, grob geraspelt
- 30 g Dinkelvollkornmehl
- 1 EL frische Petersilie, gehackt
- 1 EL frischer Schnittlauch, gehackt
- 1 TL Backpulver
- 1 EL natives Olivenöl extra
- Salz und Pfeffer nach Geschmack

Zubereitung:

1. Du drückst die geraspelte Karotte und Zucchini in einem sauberen Geschirrtuch aus, um überschüssige Flüssigkeit zu entfernen.

2. In einer Schüssel mischst du die Karotte, Zucchini, Dinkelvollkornmehl, Petersilie, Schnittlauch und Backpulver. Mit Salz und Pfeffer würzt du die Mischung.

3. Du erhitzt das Olivenöl in einer Pfanne bei mittlerer Hitze.

4. Mit den Händen formst du aus der Gemüsemischung 5 Puffer und brätst sie in der Pfanne von beiden Seiten goldbraun an. Jeder Puffer benötigt etwa 2 Minuten pro Seite.

5. Zum Schluss die die Puffer auf einem Küchentuch abtropfen lassen.

Rote Bete-Hummus

Zubereitungszeit: 15 Minuten
Portionen: 1 Person

Zutaten:

- 1 kleine Rote Bete, gekocht und gewürfelt
- 60 g Kichererbsen, gekocht
- 1 EL natives Olivenöl extra
- 1 TL Bio-Zitronensaft, frisch gepresst
- 1 kleine Knoblauchzehe, zerdrückt
- Salz und Pfeffer nach Geschmack
- Gemüsesticks (Karotten, Gurken, Paprika), gewaschen und in Sticks geschnitten

Zubereitung:

1. In einer Küchenmaschine die Rote Bete, Kichererbsen, Olivenöl, Zitronensaft und Knoblauch hinzufügen.

2. Alles zu einer glatten Paste pürieren, nach Bedarf mit Salz und Pfeffer abschmecken.

3. Den Hummus in eine Schale geben und mit den Gemüsesticks servieren.

4. Du kannst den Hummus auch mit etwas Olivenöl beträufeln und frischen Kräutern garnieren, falls du möchtest.

Kichererbsen-Paprika-Tacos

Zubereitungszeit: 20 Minuten
Portionen: 3 Tacos

Zutaten:

- 50 g Kichererbsen, gekocht und abgetropft
- 1 kleine rote Paprika, gewürfelt
- 3 kleine Vollkorn-Tortillas
- 1 EL natives Olivenöl extra
- 1 TL Kreuzkümmel
- 1 TL Paprikapulver
- 1/2 TL Meersalz
- 2 EL frischer Koriander, gehackt
- 1 EL Bio-Limettensaft
- 1 kleine Avocado, püriert
- 2 EL Alfalfasprossen

Zubereitung:

1. Erhitze das Olivenöl in einer Pfanne auf mittlerer Stufe.
2. Füge Kichererbsen, Paprika, Kreuzkümmel, Paprikapulver und Meersalz hinzu und brate alles für 5 Minuten, bis es heiß und gut gewürzt ist.
3. Brate in der Zwischenzeit die Tortillas in einer trockenen Pfanne auf niedriger Hitze für 1 Minute von jeder Seite an, bis sie warm sind.
4. Mische den Limettensaft mit dem pürierten Avocado und schmecke mit etwas Salz ab.
5. Verteile die Kichererbsen-Paprika-Mischung auf den Tortillas und garniere mit der Avocadocreme und Alfalfasprossen.
6. Bestreue alles mit dem frischen Koriander.

Mediterrane Gemüsetaschen

Zubereitungszeit: 25 Minuten
Portionen: 2 Gemüsetaschen

Zutaten:

- 2 Vollkorn-Pita-Brote, halbiert
- 1 mittelgroße Zucchini, in dünne Scheiben geschnitten
- 1 mittelgroße Tomate, gewürfelt
- 1 kleine rote Paprika, in Streifen geschnitten
- 50 g Rucola, gewaschen
- 50 g Feta-Käse, zerbröselt
- 2 EL natives Olivenöl extra
- 1 TL Oregano
- 1 TL Thymian
- 1 TL Rosmarin
- Salz und Pfeffer nach Geschmack

Zubereitung:

1. Die Zucchini in einer Pfanne mit 1 EL Olivenöl anbraten, bis sie weich sind.

2. Tomate, Paprika, Oregano, Thymian, Rosmarin, Salz und Pfeffer hinzufügen und kurz mitbraten.

3. Die Pita-Brote in einer anderen Pfanne mit dem restlichen EL Olivenöl beidseitig kurz anrösten, bis sie leicht knusprig sind.

4. Die Gemüsemischung gleichmäßig auf die Pita-Brote verteilen und mit Rucola und zerbröseltem Feta garnieren.

5. Die Pita-Brote zusammenklappen, um die Taschen zu formen.

Süße Verführungen

Saftiger Apfel-Birnen Crumble

Zubereitungszeit: 30 Minuten
Portionen: 1 Person

Zutaten:

- 1 Apfel, geschält und gewürfelt
- 1 Birne, geschält und gewürfelt
- 1 EL Mandelmehl
- 1 TL Honig
- 1 TL Bio-Zitronensaft
- 2 EL Haferflocken
- 1 EL Kokosöl, geschmolzen
- Eine Prise Salz
- Eine Prise Zimt

Zubereitung:

1. Heize deinen Ofen auf 180 Grad vor.
2. Vermische die gewürfelten Äpfel und Birnen mit dem Zitronensaft und verteile sie in einer kleinen, ofenfesten Form.
3. In einer Schüssel vermische das Mandelmehl, die Haferflocken, das geschmolzene Kokosöl, den Honig, das Salz und den Zimt, um die Crumble-Mischung herzustellen.
4. Verteile die Crumble-Mischung gleichmäßig über den Apfel-Birnen.
5. Backe den Crumble im Ofen für 20 Minuten, bis die Oberfläche goldbraun ist und die Früchte weich sind.
6. Lass den Crumble kurz abkühlen.

Bananen-Schoko Kuchen

Zubereitungszeit: 30 Minuten
Portionen: 1 Person

Zutaten:

- 1 reife Banane, zerdrückt
- 30 g Kakao
- 50 g Mandelmehl
- 2 EL Kokosöl, geschmolzen
- 1 TL Natron
- 1 Prise Salz
- 2 EL Ahornsirup
- 1 TL Vanilleextrakt
- 50 ml Mandelmilch, ungesüßt

Zubereitung:

1. Heize den Ofen auf 180 Grad vor und fette eine kleine Kuchenform mit Kokosöl ein.

2. Vermische die zerdrückte Banane mit dem Kakao, Mandelmehl, Natron und Salz in einer Schüssel.

3. Gib das geschmolzene Kokosöl, den Ahornsirup und den Vanilleextrakt dazu. Rühre gut um.

4. Füge die Mandelmilch hinzu und rühre, bis ein glatter Teig entsteht.

5. Fülle den Teig in die Kuchenform und glätte die Oberfläche mit einem Löffel.

6. Backe den Kuchen 20 Minuten lang oder bis ein in die Mitte eingestochener Zahnstocher sauber herauskommt.

7. Lass den Kuchen abkühlen, bevor du ihn aus der Form nimmst.

Basische Pfannkuchen mit Fruchttopping

Zubereitungszeit: 20 Minuten
Portionen: ca. 3 Pfannkuchen

Zutaten:

- **Für die Pfannkuchen:**
- 100 g Dinkelvollkornmehl
- 200 ml Hafermilch, ungesüßt
- 1 EL geschmolzenes Kokosöl
- 1 TL Backpulver
- 1 Prise Salz
- **Für das Fruchttopping:**
- 1 Banane, in Scheiben geschnitten
- 5 Erdbeeren, halbiert
- 1 Kiwi, geschält und in Scheiben geschnitten
- 1 EL Ahornsirup
- Frische Minze, gehackt

Zubereitung:

1. In einer Schüssel das Dinkelvollkornmehl, Backpulver und Salz vermischen.

2. Hafermilch und geschmolzenes Kokosöl hinzugeben und alles zu einem glatten Teig verrühren.

3. Eine Pfanne mit etwas Kokosöl erhitzen. Pro Pfannkuchen etwa eine kleine Schöpfkelle Teig in die Pfanne geben und bei mittlerer Hitze von beiden Seiten goldbraun backen.

4. Während die Pfannkuchen backen, die Früchte für das Topping vorbereiten und in einer Schüssel mit dem Ahornsirup vermengen.

5. Die Pfannkuchen auf einem Teller anrichten, das Fruchttopping darauf verteilen und mit etwas gehackter Minze bestreuen.

Beeren-Mix mit Vanillequark

Zubereitungszeit: 10 Minuten
Portionen: 1 Person

Zutaten:

- 120 g Beeren (gewaschen und geviertelt, z.B. Erdbeeren, Heidelbeeren, Himbeeren)
- 150 g Quark, fettarm
- 1 TL Vanillepulver
- 2 EL Agavendicksaft
- 30 g gehackte Mandeln
- 10 g Kakaonibs

Zubereitung:

1. Nimm den Quark und rühre das Vanillepulver hinein, bis es vollständig eingearbeitet ist.

2. Gib den Agavendicksaft hinzu und verrühre alles gründlich, bis der Quark eine schöne, süße Vanillenote hat.

3. Lege die Beerenmischung auf einen Teller und gib den Vanillequark darüber.

4. Streue als letzten Schritt die gehackten Mandeln und Kakaonibs über den Quark.

Selbstgemachtes Bananen-Eis

Zubereitungszeit: 15 Minuten
Portionen: 1 Person

Zutaten:

- 2 reife Bananen, in Scheiben geschnitten und eingefroren
- 20 g Mandeln, grob gehackt
- 50 ml Kokosmilch
- 1 TL Vanilleextrakt
- 1 EL frische Minze, fein gehackt
- Prise Salz

Zubereitung:

1. Gib die gefrorenen Bananenscheiben, Kokosmilch und Vanilleextrakt in einen Mixer oder eine Küchenmaschine.

2. Mixe alles auf hoher Stufe, bis eine cremige Konsistenz erreicht ist.

3. Füge die gehackten Mandeln, frische Minze und eine Prise Salz hinzu und rühre das Ganze mit einem Löffel gut um.

4. Serviere das Eis in einer Schale oder einem Glas und garniere es nach Belieben mit einigen Mandelstücken oder frischer Minze.

Gesunde Apfeltaschen mit Mandeln

Zubereitungszeit: 30 Minuten
Portionen: 1 Person

Zutaten:

- 1 großer Apfel, geschält und in kleine Stücke geschnitten
- 70 g gemahlene Mandeln
- 40 ml Agavendicksaft
- 1 TL Zimt
- 100 g Dinkelvollkornmehl
- 1 TL Backpulver
- Eine Prise Salz
- 40 ml Mandelmilch, ungesüßt
- 20 ml natives Olivenöl extra

Zubereitung:

1. Heize den Ofen auf 180 Grad vor.

2. In einer mittelgroßen Schüssel mische die Apfelstücke, die gemahlenen Mandeln, den Agavendicksaft und den Zimt. Stelle die Schüssel beiseite.

3. In einer anderen Schüssel vermische das Dinkelvollkornmehl, das Backpulver und das Salz.

4. Gib die Mandelmilch und das Olivenöl in die Schüssel mit den trockenen Zutaten. Vermenge alles gut, bis ein geschmeidiger Teig entsteht.

5. Teile den Teig in drei gleichgroße Portionen. Forme jede Portion zu einer flachen Scheibe.

6. Verteile die Apfel-Mandel-Mischung gleichmäßig auf den Teigscheiben. Klappe den Teig über die Füllung und drücke die Ränder vorsichtig zusammen.

7. Lege die Apfeltaschen auf ein mit Backpapier ausgelegtes Backblech und backe sie für etwa 20 Minuten, bis sie goldbraun sind.

8. Lass die Apfeltaschen ein paar Minuten abkühlen.

Haferflocken-Müsli mit Beeren

Zubereitungszeit: 10 Minuten
Portionen: 1 Person

Zutaten:

- 50 g Haferflocken, grob
- 150 ml Mandelmilch, ungesüßt
- 1 EL Chiasamen
- 1 TL Vanilleextrakt
- 1 Handvoll frische Beeren
  (Himbeeren, Erdbeeren,
  Blaubeeren), gewaschen
  und halbiert
- 1 EL Kokosflocken
- 1 TL Honig oder Ahornsirup
- Eine Prise Salz

Zubereitung:

1. In einer Schüssel Haferflocken, Chiasamen und Salz vermischen.
2. Mandelmilch und Vanilleextrakt hinzufügen und gut umrühren, bis alles gut vermischt ist.
3. Die Mischung abdecken und für etwa 5 Minuten stehen lassen, damit die Haferflocken und Chiasamen aufquellen.
4. Die Beeren und Kokosflocken vorsichtig unterrühren.
5. Mit Honig oder Ahornsirup süßen, je nach Geschmack.

Vegane Schoko-Brownies

Zubereitungszeit: 30 Minuten
Portionen: 2 Brownies

Zutaten:

- 50 g Datteln, entsteint und klein gehackt
- 30 g Haferflocken, fein gemahlen
- 10 g rohes Kakaopulver
- 10 ml Agavendicksaft
- 1 TL Natron
- 1 EL Kokosöl, geschmolzen
- 1 Prise Salz
- 40 ml Wasser
- 10 g Mandeln, gehackt

Zubereitung:

1. Heize den Ofen auf 180 Grad vor.

2. Mische die Haferflocken, das Kakaopulver, das Natron und das Salz in einer Schüssel.

3. In einer anderen Schüssel vermische die Datteln, das Kokosöl und den Agavendicksaft mit dem Wasser.

4. Füge die feuchten Zutaten zu den trockenen hinzu und vermische alles gut.

5. Füge die gehackten Mandeln hinzu und mische sie gleichmäßig in den Teig.

6. Gieße den Teig in eine kleine, geölte Brownie-Form.

7. Backe für 15 Minuten oder bis die Oberfläche fest ist.

8. Lass die Brownies abkühlen und schneide sie dann in zwei Stücke.

Rhabarber-Crumble

Zubereitungszeit: 25 Minuten
Portionen: 1 Person

Zutaten:

- 100 g Rhabarber, gewaschen und in kleine Stücke geschnitten
- 1 TL frischer Bio-Zitronensaft
- 1 EL Agavensirup
- 30 g Mandeln, grob gehackt
- 20 g Buchweizenmehl
- 10 g Kokosöl, geschmolzen
- Eine Prise Salz
- Eine Prise Zimt

Zubereitung:

1. Heize den Ofen auf 180 Grad vor.

2. In einer kleinen Auflaufform den Rhabarber, Zitronensaft und Agavensirup mischen. Im Ofen 5 Minuten vorgaren.

3. Währenddessen in einer Schüssel Mandeln, Buchweizenmehl, geschmolzenes Kokosöl, Salz und Zimt vermischen, bis ein krümeliger Teig entsteht.

4. Die Rhabarbermischung aus dem Ofen nehmen und den krümeligen Teig gleichmäßig darüber verteilen.

5. Das Ganze für weitere 15-20 Minuten backen, bis die Krümel goldbraun sind.

6. Das Ganze kurz abkühlen lassen.

Quinoa-Porridge mit frischen Früchten

Zubereitungszeit: 25 Minuten
Portionen: 1 Person

Zutaten:

- 50 g Quinoa, gewaschen und abgetropft
- 200 ml Hafermilch, ungesüßt
- 1 EL Chiasamen
- 1 TL Vanilleextrakt
- 1 EL Ahornsirup oder Honig
- 1 kleine Banane, in Scheiben geschnitten
- 5 Erdbeeren, gewaschen und halbiert
- 1 Kiwi, geschält und in Scheiben geschnitten
- 1 Handvoll frische Minzblätter, fein gehackt
- Eine Prise Salz
- 1 TL Kokosöl zum Anbraten

Zubereitung:

1. In einem kleinen Topf Quinoa mit der Hafermilch und einer Prise Salz zum Kochen bringen, dann auf niedrige Hitze stellen und 15 Minuten köcheln lassen, bis die Flüssigkeit aufgesogen ist.

2. Chiasamen, Vanilleextrakt und Ahornsirup unter das gekochte Quinoa rühren und weiter köcheln lassen, bis eine cremige Konsistenz erreicht ist. Vom Herd nehmen.

3. In einer kleinen Pfanne das Kokosöl erhitzen und die Bananenscheiben darin anbraten, bis sie goldbraun sind.

4. Das Porridge in eine Schüssel geben und mit den angebratenen Bananen, Erdbeeren, Kiwis und Minze garnieren.

Getränke

Grüner Detox-Tee

Zubereitungszeit: 10 Minuten
Portionen: 1 Person

Zutaten:

- 200 ml Wasser, frisch gekocht
- 1 TL grüner Tee, lose oder ein Teebeutel
- 2 Scheiben frischer Ingwer, dünn geschnitten
- 1 Scheibe frische Bio-Zitrone, dünn geschnitten
- 1 EL frische Minze, gehackt
- 1 TL Honig oder Ahornsirup, falls gewünscht
- 1 Prise Cayennepfeffer, optional

Zubereitung:

1. Du bringst das Wasser in einem kleinen Topf zum Kochen und fügst den grünen Tee sowie den Ingwer hinzu.

2. Reduziere die Hitze und lasse es für 5 Minuten ziehen.

3. Füge die Zitronenscheibe und die frische Minze hinzu und lasse das Ganze für weitere 2 Minuten ziehen.

4. Gieße den Tee durch ein feines Sieb in ein Glas oder eine Tasse.

5. Wenn du magst, kannst du ein wenig Honig oder Ahornsirup für Süße und eine Prise Cayennepfeffer für etwas Schärfe hinzufügen.

6. Rühre gut um, sodass sich alle Zutaten schön vermischen.

Fruchtiger Ananas-Minze-Saft

Zubereitungszeit: 10 Minuten
Portionen: 1 Person

Zutaten:

- 150 g Ananas, in Stücken geschnitten
- 5 frische Minzblätter, gewaschen
- 1 TL Agavendicksaft
- 1 EL Bio-Limettensaft, frisch gepresst
- 100 ml stilles Wasser
- 1 Prise Salz
- Eiswürfel nach Belieben

Zubereitung:

1. Die Ananasstücke, Minzblätter, Agavendicksaft, Limettensaft, stilles Wasser und eine Prise Salz in den Mixer geben.

2. Alles zusammen auf hoher Stufe 1-2 Minuten pürieren, bis ein gleichmäßiger Saft entsteht.

3. Wenn du es kühler magst, gib ein paar Eiswürfel hinzu und püriere das Ganze noch einmal kurz.

4. Den Saft durch ein Sieb in ein Glas gießen, um eventuelle Fasern zu entfernen.

Gurkenwasser mit Minze

Zubereitungszeit: 10 Minuten
Portionen: 1 Person

Zutaten:

- 1/2 Gurke, gewaschen und in dünne Scheiben geschnitten
- 5 Blätter Minze, frisch, gewaschen
- 200 ml Wasser
- 1 TL Agavendicksaft
- 1 EL Bio-Limettensaft, frisch gepresst
- Eine Prise Salz

Zubereitung:

1. Nimm die halbe Gurke und schneide sie in dünne Scheiben. Lege einige Scheiben beiseite für die Garnierung.

2. Gib die Gurkenscheiben zusammen mit der Minze in einen Mixer.

3. Füge das Wasser, den Agavendicksaft, Limettensaft und das Salz hinzu.

4. Mixe alles auf höchster Stufe, bis die Mischung schön gleichmäßig ist.

5. Seihe die Mischung durch ein Sieb, um die festen Bestandteile zu entfernen.

6. Fülle das Gurkenwasser in ein Glas und garniere es mit den restlichen Gurkenscheiben.

Süße Himbeer-Limonade

Zubereitungszeit: 10 Minuten
Portionen: 1 Person

Zutaten:

- 100 g frische Himbeeren, gewaschen
- 1 TL frischer Bio-Limettensaft, gepresst
- 1 EL frischer Bio-Zitronensaft, gepresst
- 1 TL frische Minze, fein gehackt
- 1 TL Agavendicksaft
- 200 ml Wasser
- Eiswürfel nach Bedarf
- 1 Scheibe Limette, zum Garnieren

Zubereitung:

1. Die Himbeeren in einen Mixer geben und kurz pürieren.
2. Die pürierten Himbeeren durch ein Sieb in ein Glas drücken, um die Kerne zu entfernen.
3. Limettensaft, Zitronensaft, gehackte Minze und Agavendicksaft zum Himbeersaft im Glas hinzufügen und gut umrühren.
4. Das Wasser hinzufügen und alles gut vermischen.
5. Eiswürfel nach Bedarf hinzufügen und mit einer Scheibe Limette garnieren.

Kühle Wassermelonen-Limonade

Zubereitungszeit: 10 Minuten
Portionen: 1 Person

Zutaten:

- 250 g frisch entkernte Wassermelone in Würfeln
- Saft von 1 frischen Bio-Zitrone
- 1 TL frisch geriebener Ingwer
- 2 EL Agavendicksaft
- 4 frische Minzblätter
- 400 ml kaltes Wasser
- Eiswürfel zum Servieren

Zubereitung:

1. Nimm eine große Schüssel und gib die gewürfelte Wassermelone hinein. Mithilfe eines Stabmixers püriere die Wassermelone, bis sie flüssig ist.

2. Durch ein Sieb gieße die pürierte Wassermelone in einen Krug, um eventuelle Reste zu entfernen.

3. Füge nun den frisch gepressten Zitronensaft, den geriebenen Ingwer und den Agavendicksaft hinzu. Rühre alles gut um, bis sich der Agavendicksaft vollständig aufgelöst hat.

4. Gib die frischen Minzblätter in den Krug und fülle mit dem kalten Wasser auf.

5. Stelle die Limonade für etwa 30 Minuten in den Kühlschrank, damit sie gut durchziehen kann.

6. Serviere die Limonade in einem Glas mit Eiswürfeln.

Kokoswasser mit frischen Beeren

Zubereitungszeit: 10 Minuten
Portionen: 1 Person

Zutaten:

- 400 ml Kokoswasser, gut gekühlt
- 100 g gemischte frische Beeren (Himbeeren, Erdbeeren, Heidelbeeren), gewaschen und geviertelt
- 1 EL frischer Bio-Zitronensaft
- 1 EL frischer Minzblätter, fein gehackt
- Eine Prise Salz

Zubereitung:

1. Beginne, indem du das gut gekühlte Kokoswasser in ein großes Glas gießt.
2. Gib dann die frisch gewaschenen und geviertelten Beeren in das Glas.
3. Drücke frischen Zitronensaft aus und gib ihn ebenfalls in das Glas.
4. Füge nun die fein gehackten Minzblätter hinzu und rühre das Ganze gut um.
5. Gib zum Schluss eine Prise Salz dazu und rühre erneut um.

Erfrischender Rhabarber-Eistee

Zubereitungszeit: 15 Minuten
Portionen: 1 Person

Zutaten:

- 100 g Rhabarber, gewaschen und in kleine Stücke geschnitten
- 1 EL frische Minze, fein gehackt
- 1 TL grüner Tee, lose
- 1 TL Agavendicksaft
- 250 ml Wasser
- Eiswürfel

Zubereitung:

1. Bring das Wasser in einem kleinen Topf zum Kochen. Gib den grünen Tee dazu und lass ihn 3 Minuten ziehen.

2. Füge nun den geschnittenen Rhabarber zum Tee hinzu und koche das Ganze auf mittlerer Hitze 5 Minuten.

3. Nimm den Topf vom Herd und seihe den Tee ab, um Rhabarber und Teeblätter zu entfernen.

4. Füge den Agavendicksaft hinzu und rühre, bis er sich vollständig aufgelöst hat.

5. Lass den Tee abkühlen und stelle ihn für 10 Minuten in den Kühlschrank, damit er schön kalt wird.

6. Gib die Eiswürfel und die gehackte Minze in ein Glas und gieße den gekühlten Tee darüber. Rühre alles gut um.

Pfirsich-Eistee

Zubereitungszeit: 15 Minuten
Portionen: 1 Person

Zutaten:

- 1 frischer Pfirsich, entkernt und in dünne Scheiben geschnitten
- 1 TL grüner Tee, lose
- 200 ml Wasser, frisch gekocht
- 1 EL Agavendicksaft
- 2 Blätter frische Minze, grob gehackt
- 100 ml kaltes, sprudelndes Mineralwasser
- Eiswürfel

Zubereitung:

1. Gieße das heiße Wasser über den grünen Tee und lass ihn 3 Minuten ziehen. Dann seihe ihn ab und lass ihn abkühlen.

2. Mische in einem Glas die Pfirsichscheiben, Minze und Agavendicksaft. Verwende einen Löffel, um die Zutaten leicht zu zerdrücken.

3. Füge den abgekühlten grünen Tee hinzu und rühre gut um.

4. Fülle das Glas mit Eiswürfeln auf und gieße das sprudelnde Mineralwasser darüber.

5. Rühre alles gut durch und dekoriere nach Wunsch mit einer Pfirsichscheibe oder Minze.

Beeren-Ingwer-Wasser

Zubereitungszeit: 10 Minuten
Portionen: 1 Person

Zutaten:

- 150 g gemischte Beeren, gewaschen und halbiert
- 10 g frischer Ingwer, geschält und fein gehackt
- 5 Blätter frische Minze, gewaschen und zerkleinert
- 1 EL frisch gepresster Bio-Limettensaft
- 1 TL Agavendicksaft
- 250 ml stilles Wasser, kalt

Zubereitung:

1. Lege die halbierten Beeren in ein großes Glas oder eine Karaffe.

2. Gib den fein gehackten Ingwer, die zerkleinerte Minze, Limettensaft und Agavendicksaft dazu.

3. Gieße das kalte Wasser über die Zutaten.

4. Mische alles gut mit einem Löffel, sodass sich der Agavendicksaft gut auflöst.

5. Lass das Getränk für etwa 5 Minuten ziehen.

Frischer Karotten-Orangen-Saft

Zubereitungszeit: 10 Minuten
Portionen: 1 Person

Zutaten:

- 2 Karotten, geschält und grob zerkleinert
- 1 Orange, geschält und in Viertel geschnitten
- 5 g frischer Ingwer, geschält und in Scheiben geschnitten
- 1 TL Honig
- 150 ml Wasser
- Eine Prise Salz
- Einige frische Minzblätter

Zubereitung:

1. Gib die Karottenstücke, Orangenviertel und Ingwerscheiben in einen leistungsstarken Mixer.

2. Füge das Wasser, Honig und eine Prise Salz hinzu.

3. Mixe alles bei hoher Geschwindigkeit für 2 Minuten oder bis es ganz glatt ist.

4. Siebe den Saft durch ein feines Sieb in ein Glas, um eventuelle grobe Stücke zu entfernen.

5. Füge einige frische Minzblätter hinzu und rühre kurz um.

6. Genieße den Saft gekühlt oder bei Raumtemperatur.

Frühstück

Knuspriges Mandel-Granola

Zubereitungszeit: 20 Minuten
Portionen: 1 Person

Zutaten:

- 50 g Mandeln, grob gehackt
- 50 g Haferflocken
- 2 EL Kokosöl, geschmolzen
- 1 TL Agavensirup
- 1 Prise Salz
- 1 TL Vanilleextrakt
- 100 g gemischte Beeren (Erdbeeren, Blaubeeren, Himbeeren), gewaschen und halbiert
- 100 ml Mandelmilch, ungesüßt

Zubereitung:

1. Heize deinen Backofen auf 180 Grad vor.
2. Mische die Mandeln, Haferflocken, geschmolzenes Kokosöl, Agavensirup, Salz und Vanilleextrakt in einer Schüssel.
3. Verteile die Mischung gleichmäßig auf einem mit Backpapier ausgelegten Backblech.
4. Backe die Mischung für 10 Minuten oder bis sie goldbraun ist, wende sie dabei einmal.
5. Lass das Granola einige Minuten abkühlen, damit es knusprig wird.
6. Lege die Beeren in eine Schale und gib das Granola darüber.
7. Zum Schluss gieße die Mandelmilch darüber.

Buchweizen-Pfannkuchen

Zubereitungszeit: 20 Minuten
Portionen: ca. 3 Pfannkuchen

Zutaten:

- 60 g Buchweizenmehl
- 1 EL Mandelmus
- 1 TL Backpulver
- 180 ml Mandelmilch, ungesüßt
- 1 TL Leinsamen, geschrotet
- 1 EL Agavendicksaft

- 1 Prise Salz
- 1 TL Kokosöl, zum Braten
- 1 Banane, in Scheiben geschnitten
- Frische Beeren, zum Garnieren

Zubereitung:

1. Vermische in einer Schüssel das Buchweizenmehl, Backpulver und Salz.

2. In einer anderen Schüssel vermische das Mandelmus, geschrotete Leinsamen, Agavendicksaft und Mandelmilch.

3. Vermische die feuchten und trockenen Zutaten miteinander, rühre, bis du einen glatten Teig erhältst.

4. Erhitze das Kokosöl in einer Pfanne bei mittlerer Hitze.

5. Gieße jeweils ein Drittel des Teiges in die Pfanne und brate den Pfannkuchen, bis Bläschen an der Oberfläche erscheinen, dann wende ihn.

6. Wiederhole den Vorgang mit dem restlichen Teig.

7. Richte die Pfannkuchen zusammen mit den Bananenscheiben und frischen Beeren an.

Obstsalat mit Nüssen

Zubereitungszeit: 15 Minuten
Portionen: 1 Person

Zutaten:

- 1 Apfel, gewürfelt
- 1 Banane, in Scheiben
- 5 Erdbeeren, halbiert
- 15 g Mandeln, grob gehackt
- 15 g Walnüsse, grob gehackt
- 1 Orange, ausgepresst, ca. 100 ml Saft
- 1 TL Honig
- 1 Prise Zimt
- 1 EL frische Minze, fein gehackt
- 1 EL Kokosöl

Zubereitung:

1. Erhitze das Kokosöl in einer Pfanne und röste die Mandeln und Walnüsse darin leicht an, bis sie goldbraun sind. Nimm sie dann aus der Pfanne und stelle sie beiseite.

2. In einer Schüssel mische den Apfel, die Banane und die Erdbeeren.

3. In einem kleinen Behälter verrühre den Orangensaft mit dem Honig und dem Zimt.

4. Gieße die Orangen-Honig-Mischung über das Obst und vermische alles gut.

5. Füge die gerösteten Nüsse und die frische Minze hinzu und vermische erneut. Fertig.

Müsli-Bowl

Zubereitungszeit: 10 Minuten
Portionen: 1 Person

Zutaten:

- 50 g Vollkornhaferflocken
- 200 ml Hafermilch, ungesüßt
- 1 reife Banane, in Scheiben geschnitten
- 5 Erdbeeren, geviertelt
- 1 Apfel, gewürfelt
- 15 g Chiasamen
- 10 g Mandeln, gehackt
- 5 g frische Minze, fein gehackt
- 1 TL Honig
- Prise Salz

Zubereitung:

1. In einer Schüssel die Haferflocken mit der Hafermilch mischen. Eine Prise Salz hinzufügen und 5 Minuten quellen lassen.

2. Die Banane, Erdbeeren und den Apfel waschen, zurechtschneiden und zur Seite legen.

3. Die Mandeln grob hacken und zusammen mit den Chiasamen in die Schüssel geben.

4. Die frischen Früchte vorsichtig unter das Müsli heben.

5. Die Müsli-Bowl mit dem Honig beträufeln, wenn du es etwas süßer magst.

6. Mit der frisch gehackten Minze garnieren.

Grüne Smoothie-Bowl

Zubereitungszeit: 10 Minuten
Portionen: 1 Person

Zutaten:

- 1 reife Banane, in Scheiben geschnitten
- 50 g frischer Spinat, gewaschen
- 150 ml Kokoswasser
- 1 EL Chiasamen
- 1 EL Sonnenblumenkerne, grob gehackt
- 5 Blätter frische Minze, fein gehackt
- 1 TL Spirulina-Pulver
- Eine Prise Salz
- 1 TL Bio-Limettensaft, frisch gepresst

Zubereitung:

1. Lege die Bananenscheiben, den Spinat, das Kokoswasser, die Chiasamen, die Spirulina und die Prise Salz in einen leistungsstarken Mixer.

2. Mixe die Zutaten auf hoher Stufe, bis alles cremig und glatt ist. Wenn die Mischung zu dick ist, füge etwas mehr Kokoswasser hinzu.

3. Gieße den Smoothie in eine Schüssel und streue die Sonnenblumenkerne darüber.

4. Garniere mit der fein gehackten Minze und beträufle mit dem Limettensaft.

Avocado-Toast mit frischen Kräutern

Zubereitungszeit: 10 Minuten
Portionen: 1 Person

Zutaten:

- 1 Scheibe Vollkornbrot, frisch
- 1 reife Avocado, halbiert und entkernt
- 1 EL frischer Basilikum, fein gehackt
- 1 EL frischer Koriander, fein gehackt
- 1 EL frischer Schnittlauch, fein gehackt
- 1 TL Bio-Limettensaft
- Salz und Pfeffer, nach Geschmack
- 1 EL natives Olivenöl extra
- 5 g Rucola, gewaschen

Zubereitung:

1. Toaste das Vollkornbrot in einem Toaster, bis es knusprig ist.

2. Nimm die Avocado und löffle das Fruchtfleisch in eine Schüssel. Mit einer Gabel zerdrücken, bis es cremig ist.

3. Mische den Basilikum, Koriander und Schnittlauch unter die zerdrückte Avocado. Gib den Limettensaft dazu und würze mit Salz und Pfeffer.

4. Bestreiche das getoastete Brot mit dem Olivenöl und der Avocado-Kräuter-Mischung.

5. Zum Schluss belege den Toast mit Rucola.

Haferflocken mit Beeren und Leinsamen

Zubereitungszeit: 10 Minuten
Portionen: 1 Person

Zutaten:

- 50 g Haferflocken
- 200 ml Mandelmilch, unge-süßt
- 1 EL Leinsamen, geschrotet
- 100 g Beeren (Himbeeren, Erdbeeren und Blaubeeren), frisch und gewaschen
- 1 TL Zimt, gemahlen
- 1 TL Ahornsirup
- 1 EL Kokosflocken

Zubereitung:

1. Erhitze die Mandelmilch in einem kleinen Topf auf mittlerer Flamme.

2. Gib die Haferflocken, Leinsamen und Zimt hinzu und rühre die Mischung regelmäßig um, bis sie eindickt.

3. Nimm den Topf vom Herd und lass die Haferflockenmischung kurz ruhen.

4. Währenddessen wasche die Beeren und schneide sie nach Bedarf.

5. Lege die Haferflockenmischung in eine Schüssel und gib die Beeren, Kokosflocken und den Ahornsirup darüber.

Vegane Rühreier

Zubereitungszeit: 15 Minuten
Portionen: 1 Person

Zutaten:

- 100 g Tofu, zerkrümelt
- 50 g Cherrytomaten, halbiert
- 30 g Spinat, gewaschen
- 1 EL gehackte Petersilie
- 1 EL gehackter Schnittlauch
- 1 TL Kurkuma, gemahlen
- 2 EL natives Olivenöl extra
- Salz und Pfeffer nach Geschmack

Zubereitung:

1. Erhitze das Olivenöl in einer Pfanne über mittlerer Hitze. Füge den Tofu hinzu und brate ihn 3 bis 4 Minuten, bis er leicht goldbraun ist.

2. Füge die Cherrytomaten und den Spinat zur Pfanne hinzu. Koche alles 2 Minuten lang und rühre dabei gelegentlich um.

3. Streue Kurkuma, Salz und Pfeffer über die Mischung und vermische alles gut.

4. Lass alles noch weitere 3 Minuten kochen und rühre dabei ab und zu um.

5. Nimm die Pfanne vom Herd, füge die gehackte Petersilie und den Schnittlauch hinzu und rühre alles noch einmal gut durch. Fertig.

Chia-Pudding

Zubereitungszeit: 15 Minuten
Portionen: 1 Person

Zutaten:

- 3 EL Chia-Samen
- 150 ml Kokosmilch
- 1 Mango, geschält und gewürfelt
- 1 TL frischer Bio-Limettensaft
- 1 EL Kokosraspeln
- 1 Prise Salz
- Frische Minze, fein gehackt, zum Garnieren

Zubereitung:

1. Die Chia-Samen in eine Schüssel geben und mit der Kokosmilch vermischen. Eine Prise Salz hinzufügen und gut umrühren. Abdecken und für etwa 10 Minuten im Kühlschrank quellen lassen, bis eine puddingartige Konsistenz erreicht ist.

2. In der Zwischenzeit die Mango würfeln und mit dem frischen Limettensaft in einer kleinen Schüssel vermengen.

3. Den Chia-Pudding aus dem Kühlschrank nehmen und nochmals umrühren, um sicherzustellen, dass keine Klumpen entstanden sind.

4. In einem Glas oder einer Schale abwechselnd den Chia-Pudding und die Mangowürfel schichten.

5. Mit den Kokosraspeln bestreuen und mit frischer Minze garnieren.

Süßer Hirsebrei

Zubereitungszeit: 20 Minuten
Portionen: 1 Person

Zutaten:

- 50 g Hirse, gut gewaschen
- 200 ml Mandelmilch, unge-süßt
- 1 Apfel, geschält und gewürfelt
- 1 TL Zimt
- 1 EL Ahornsirup
- 1 Prise Salz
- 1 EL Mandeln, grob gehackt

Zubereitung:

1. Setze die Hirse mit der Mandelmilch und einer Prise Salz in einem kleinen Topf auf mittlerer Stufe auf. Koche sie für etwa 10 Minuten, bis die Hirse weich ist.

2. Während die Hirse kocht, dünste die gewürfelten Äpfel in einer kleinen Pfanne, bis sie weich sind. Füge den Zimt hinzu und rühre um.

3. Sobald die Hirse gekocht ist, rühre den Ahornsirup ein.

4. Vermenge die Hirse mit den Äpfeln und gib die Mischung in eine Schüssel.

5. Bestreue das Ganze mit den gehackten Mandeln und genieße es warm.

Basische Dips und Saucen

Avocado-Limetten-Dip

Zubereitungszeit: 15 Minuten
Portionen: 1 Person

Zutaten:

- 1 reife Avocado, halbiert und entkernt
- Saft und Abrieb von 1 unbehandelten Bio-Limette
- 1 kleine Knoblauchzehe, geschält und fein gehackt
- 1 EL natives Olivenöl extra
- Salz nach Geschmack
- 2 EL frisch gehackter Koriander
- 50 ml Kokoswasser

Zubereitung:

1. Löffle das Fruchtfleisch der Avocado aus und gib es in einen Mixer oder eine Küchenmaschine.

2. Füge den Saft und den Abrieb der Limette, den Knoblauch, das Olivenöl, Salz und Kokoswasser hinzu.

3. Mixe alle Zutaten, bis sie eine glatte und cremige Konsistenz erreichen. Wenn der Dip zu dick ist, kannst du noch etwas mehr Kokoswasser hinzufügen.

4. Gib den Dip in eine Schüssel und mische den frisch gehackten Koriander unter.

5. Stelle den Dip für etwa 10 Minuten in den Kühlschrank.

Mediterraner Tomaten-Basilikum-Dip

Zubereitungszeit: 10 Minuten
Portionen: 1 Person

Zutaten:

- 2 mittelgroße Tomaten, gewürfelt
- 10 Basilikumblätter, frisch und fein gehackt
- 1 EL natives Olivenöl extra
- 1 TL Bio-Zitronensaft, frisch gepresst
- 1 kleine Schalotte, fein gehackt
- Salz nach Geschmack
- Pfeffer, frisch gemahlen, nach Geschmack

Zubereitung:

1. Nimm eine Schüssel und gib die gewürfelten Tomaten und die fein gehackte Schalotte hinein.
2. Füge das Olivenöl, den frisch gepressten Zitronensaft, Salz und Pfeffer hinzu.
3. Mische alles gut durch, bis die Zutaten gleichmäßig verteilt sind.
4. Streue die fein gehackten Basilikumblätter darüber und rühre sie sanft unter.
5. Lass den Dip etwa 5 Minuten stehen.
6. Probiere und würze nach Bedarf nach.

Fruchtige Mango-Salsa

Zubereitungszeit: 15 Minuten
Portionen: 1 Person

Zutaten:

- 1 Mango, geschält und gewürfelt
- 1/2 kleine rote Zwiebel, fein gehackt
- 1/2 Chili, entkernt und fein gehackt
- 5 g frische Korianderblätter, fein gehackt
- 1 EL frischer Bio-Limettensaft
- 1 EL natives Olivenöl extra
- Salz, nach Geschmack
- 1 TL frischer Ingwer, gerieben

Zubereitung:

1. Du nimmst die Mango und würfelst sie in kleine Stücke. Das gleiche machst du mit der roten Zwiebel und der Chili. Stelle sicher, dass die Chili entkernt ist, damit die Salsa nicht zu scharf wird.

2. Jetzt kommt der frische Koriander ins Spiel. Hacke ihn fein und gib ihn zu den anderen Zutaten.

3. In einer Schüssel vermengst du nun die Mango, Zwiebel, Chili, Koriander, Limettensaft, Olivenöl und den geriebenen Ingwer miteinander.

4. Du schmeckst alles mit einer Prise Salz ab und rührst die Salsa gut um, bis alles gut miteinander vermischt ist.

5. Lass die Salsa danach ein paar Minuten ziehen.

Klassischer Hummus

Zubereitungszeit: 15 Minuten
Portionen: 1 Person

Zutaten:

- 100 g Kichererbsen aus der Dose, abgespült und abgetropft
- 1 Knoblauchzehe, fein gehackt
- 2 EL frisch gepresster Bio-Zitronensaft
- 1 EL natives Olivenöl extra
- 2 EL Tahini (Sesampaste)
- 1/2 TL Meersalz
- 2 EL frische Petersilie, fein gehackt
- 50 ml Wasser
- Eine Prise Kreuzkümmel, gemahlen

Zubereitung:

1. Nimm die Kichererbsen, Knoblauch, Zitronensaft, Olivenöl, Tahini und Meersalz und gib sie in einen Mixer oder eine Küchenmaschine.

2. Mixe die Zutaten auf mittlerer Stufe, bis sie gut vermischt sind.

3. Füge das Wasser langsam hinzu, während du weiter mixt, bis die Mischung eine cremige Konsistenz erreicht.

4. Gib den Hummus in eine Schüssel und rühre die frische Petersilie und den Kreuzkümmel unter.

5. Decke die Schüssel ab und stelle sie für mindestens 1 Stunde in den Kühlschrank.

Paprika-Auberginen-Sauce

Zubereitungszeit: 20 Minuten
Portionen: 1 Person

Zutaten:

- 1 kleine Aubergine, gewürfelt
- 1 rote Paprika, gewürfelt
- 1 kleine Zwiebel, fein gehackt
- 1 EL natives Olivenöl extra
- 1 kleine Knoblauchzehe, fein gehackt
- 100 ml Gemüsebrühe
- 2 EL frischer Bio-Zitronensaft
- 1 TL frischer Basilikum, gehackt
- Salz und Pfeffer nach Geschmack

Zubereitung:

1. Die Paprika, Aubergine und Zwiebel vorbereiten, indem du sie wäschst und in die angegebenen Formen schneidest.

2. In einer Pfanne das Olivenöl erhitzen und die Zwiebeln und den Knoblauch darin glasig dünsten.

3. Die gewürfelte Aubergine und Paprika hinzufügen und für etwa 5 Minuten anbraten, bis sie leicht weich sind.

4. Mit der Gemüsebrühe ablöschen und für weitere 10 Minuten köcheln lassen, bis alles gut weich ist.

5. Die Pfanne vom Herd nehmen, den Zitronensaft und den Basilikum unterrühren und alles mit einem Stabmixer pürieren. Mit Salz und Pfeffer abschmecken.

Gurken-Dill-Dip

Zubereitungszeit: 10 Minuten
Portionen: 1 Person

Zutaten:

- 1/2 frische Gurke, geschält und fein gerieben
- 1 EL frischer Dill, fein gehackt
- 2 EL Mandelmilch, ungesüßt
- 1 EL Avocadoöl
- 1 TL Bio-Zitronensaft
- Salz und Pfeffer nach Geschmack

Zubereitung:

1. Nimm die geschälte und fein geriebene Gurke und drücke sie in einem Sieb aus, um das überschüssige Wasser zu entfernen.

2. Gib die Gurke in eine Schüssel und füge den fein gehackten Dill, Mandelmilch, Avocadoöl, Zitronensaft hinzu.

3. Vermenge alle Zutaten gründlich miteinander. Schmecke den Dip mit Salz und Pfeffer ab, bis er dir perfekt mundet.

4. Stelle den Dip für etwa 5 Minuten in den Kühlschrank.

Kokos-Curry-Sauce

Zubereitungszeit: 15 Minuten
Portionen: 1 Person

Zutaten:

- 100 ml Kokosmilch, gut geschüttelt
- 1 TL Currypulver, fein gemahlen
- 1 kleine Schalotte, fein gehackt
- 1/2 TL Ingwer, frisch gerieben
- 1/2 TL Bio-Zitronensaft, frisch gepresst
- 1/2 TL Chiliflocken
- Salz und Pfeffer, nach Geschmack
- 1 EL natives Olivenöl extra

Zubereitung:

1. Erhitze das Olivenöl in einer kleinen Pfanne auf mittlerer Flamme.
2. Füge die gehackte Schalotte hinzu und dünste sie, bis sie glasig ist.
3. Mische Currypulver und Ingwer in die Pfanne und brate alles für eine Minute an.
4. Gieße die Kokosmilch in die Pfanne und verrühre alles gut miteinander.
5. Koche die Sauce auf niedriger Hitze für etwa 5 Minuten ein, bis sie leicht eindickt.
6. Füge den Zitronensaft, Chiliflocken, Salz und Pfeffer hinzu und schmecke ab.
7. Nimm die Pfanne vom Herd und lasse die Sauce kurz abkühlen.
8. Gieße die Sauce durch ein feines Sieb in ein sauberes Glas deiner Wahl.

Würzige Tomatensauce mit Kräutern

Zubereitungszeit: 15 Minuten
Portionen: 1 Person

Zutaten:

- 200 g reife Tomaten, gewürfelt
- 1 kleine Schalotte, fein gehackt
- 1 TL frischer Thymian, gehackt
- 1 TL frischer Basilikum, gehackt
- 1 TL frischer Oregano, gehackt
- 1 EL natives Olivenöl extra
- 1 kleine Chili, entkernt und fein gehackt
- Salz und Pfeffer, nach Geschmack
- 1 TL Bio-Zitronensaft, frisch gepresst
- 50 ml Gemüsebrühe

Zubereitung:

1. Erhitze das Olivenöl in einer Pfanne und füge die Schalotte hinzu. Dünste sie, bis sie weich wird.

2. Gib die Tomaten und die Chili in die Pfanne und koche sie für etwa 5 Minuten, bis sie weich werden.

3. Füge Thymian, Basilikum, Oregano, Salz, Pfeffer und Zitronensaft hinzu. Koche weitere 2 Minuten.

4. Gieße die Gemüsebrühe hinzu und lasse die Sauce für weitere 5 Minuten köcheln, bis sie eindickt.

5. Schmecke die Sauce mit zusätzlichem Salz und Pfeffer ab, wenn nötig, und serviere sie warm.

Rote Bete-Hummus

Zubereitungszeit: 15 Minuten
Portionen: 1 Person

Zutaten:

- 1 kleine Rote Bete, gekocht und gewürfelt
- 100 g Kichererbsen, gekocht
- Saft und Abrieb von 1/2 Bio-Zitrone
- 1 EL natives Olivenöl extra
- 1 TL Kreuzkümmel, gemahlen
- 1 kleine Knoblauchzehe, geschält und gehackt
- Salz nach Geschmack
- 2 EL frische Petersilie, fein gehackt
- 50 ml Wasser, bei Bedarf

Zubereitung:

1. Gib die Rote Bete, Kichererbsen, Zitronensaft und -abrieb, Olivenöl, Kreuzkümmel, Knoblauch und eine Prise Salz in einen Mixer oder eine Küchenmaschine.

2. Mixe alles auf hoher Stufe, bis die Mischung glatt und cremig wird. Wenn der Hummus zu dick ist, füge Wasser hinzu, 1 EL auf einmal, bis die gewünschte Konsistenz erreicht ist.

3. Gib den Hummus in eine Schale und rühre die gehackte Petersilie unter.

4. Schmecke mit Salz ab und serviere deinen Hummus gekühlt oder bei Raumtemperatur.

Ananas-Chili-Dip

Zubereitungszeit: 15 Minuten
Portionen: 1 Person

Zutaten:

- 100 g frische Ananas, geschält und gewürfelt
- 1 frische grüne Chili, entkernt und fein gehackt
- 1 EL frischer Bio-Limettensaft
- 1 TL frischer Koriander, fein gehackt
- 1 TL Agavendicksaft
- 1 Prise Salz

Zubereitung:

1. Die Ananasstücke in einen Mixer geben und zu einem feinen Püree verarbeiten.

2. Die Chili und den Koriander mit der Ananas im Mixer gut vermengen.

3. Den Limettensaft, den Agavendicksaft und die Prise Salz hinzufügen und alles noch einmal kurz mixen, bis der Dip gut vermischt ist.

4. Alles in eine Schale füllen und servieren oder im Kühlschrank aufbewahren.

Knoblauch-Kräuter-Quark

Zubereitungszeit: 10 Minuten
Portionen: 1 Person

Zutaten:

- 150 g Quark, fettarm
- 2 Knoblauchzehen, fein gehackt
- 1 EL frische Petersilie, fein gehackt
- 1 EL frischer Schnittlauch, fein gehackt
- 1 EL frischer Basilikum, fein gehackt
- Saft einer halben Bio-Zitrone
- 2 EL natives Olivenöl extra
- Eine Prise Meersalz
- Eine Prise frisch gemahlener schwarzer Pfeffer

Zubereitung:

1. Nimm eine mittelgroße Schüssel und gib den Quark hinein.

2. Füge den fein gehackten Knoblauch und die frischen Kräuter hinzu. Rühre alles gut durch.

3. Gib nun den Zitronensaft und das Olivenöl dazu. Rühre erneut, bis alles gut vermischt ist.

4. Würze deinen Quark mit Salz und Pfeffer nach Geschmack. Noch einmal gut umrühren.

5. Lass deinen Kräuterquark für ein paar Minuten ziehen.

Snacks für zwischendurch

Knusprige Kichererbsen

Zubereitungszeit: 25 Minuten
Portionen: 1 Person

Zutaten:

- 100 g Kichererbsen, abgetropft und trocken getupft
- 1 EL natives Olivenöl extra
- 1/2 TL Meersalz
- 1/2 TL Paprikapulver
- 1/2 TL Kurkuma, gemahlen
- Frische Petersilie, fein gehackt zum Garnieren

Zubereitung:

1. Heize deinen Ofen auf 180 Grad vor.

2. Lege ein Backblech mit Backpapier aus.

3. Mische in einer Schüssel die Kichererbsen, Olivenöl, Salz, Paprikapulver und Kurkuma, bis alles gut vermengt ist.

4. Verteile die gewürzten Kichererbsen auf dem Backblech.

5. Backe sie für 20 Minuten oder bis sie knusprig sind. Wende sie nach 10 Minuten, damit sie gleichmäßig garen.

6. Nimm die Kichererbsen aus dem Ofen und lasse sie kurz abkühlen.

7. Garniere mit der frischen Petersilie.

Selbstgemachte Rote Bete-Chips

Zubereitungszeit: 30 Minuten
Portionen: 1 Person

Zutaten:

- 2 mittelgroße Rote Bete, gewaschen und dünn geschnitten
- 1 EL natives Olivenöl extra
- 1 TL Meersalz
- 1 TL frischer Thymian, fein gehackt
- 1 TL frischer Rosmarin, fein gehackt
- 1/2 TL frisch gemahlener Pfeffer

Zubereitung:

1. Heize deinen Backofen auf 180 Grad vor.

2. Lege ein Backblech mit Backpapier aus und verteile die dünn geschnittenen Rote Bete darauf.

3. Träufele das Olivenöl über die Rote Bete und streue die Kräuter, das Salz und den Pfeffer darüber.

4. Mische alles vorsichtig mit den Händen, sodass die Rote Bete gleichmäßig mit den Gewürzen bedeckt ist.

5. Backe die Chips im vorgeheizten Ofen für 20-25 Minuten oder bis sie knusprig sind, wobei du sie nach der Hälfte der Zeit wendest.

6. Nimm die Chips aus dem Ofen und lasse sie 5 Minuten auf dem Backblech abkühlen.

Bananenbrot mit Nüssen

Zubereitungszeit: 45 Minuten
Portionen: 1 Brot

Zutaten:

- 1 reife Banane, zerdrückt
- 40 g Mandelmehl
- 20 g Haferflocken
- 15 g gemahlene Nüsse (z.B. Walnüsse), grob gehackt
- 1 TL Backpulver
- 1 EL natives Olivenöl extra
- 1 TL Zimt
- 1 Prise Salz
- 50 ml Mandelmilch, ungesüßt

Zubereitung:

1. Den Ofen auf 180 Grad vorheizen. Eine kleine Backform mit Olivenöl einfetten.
2. Die reife Banane in einer Schüssel zerdrücken und das Olivenöl dazugeben.
3. Mandelmehl, Haferflocken, gemahlene Nüsse, Backpulver, Zimt und Salz in einer separaten Schüssel vermischen.
4. Die trockenen Zutaten zu der Bananenmischung geben und gut verrühren.
5. Die Mandelmilch langsam hinzugießen, dabei ständig rühren, bis der Teig gleichmäßig feucht ist.
6. Den Teig in die vorbereitete Backform geben und glatt streichen.
7. Im vorgeheizten Ofen 30 bis 35 Minuten backen, bis das Brot fest und goldbraun ist.
8. Aus dem Ofen nehmen und auf einem Gitter komplett abkühlen lassen. Dann aus der Form lösen und genießen.

Dattel-Nuss-Riegel

Zubereitungszeit: 20 Minuten
Portionen: 2 Riegel

Zutaten:

- 50 g Datteln, entsteint und grob gehackt
- 30 g Walnüsse, grob gehackt
- 15 g Mandeln, grob gehackt
- 20 ml Kokosöl, geschmolzen
- 10 g Chiasamen
- 15 g Haferflocken, grob
- Eine Prise Zimt
- Eine Prise Salz

Zubereitung:

1. Gib die Datteln, Walnüsse, Mandeln, Chiasamen, Haferflocken, Zimt und Salz in eine Küchenmaschine und zerkleinere die Zutaten bis zu einer krümeligen Masse.

2. Füge das geschmolzene Kokosöl hinzu und mische es gut, bis die Mischung klebrig wird.

3. Nimm eine kleine Auflaufform oder Schale und lege sie mit Backpapier aus.

4. Drücke die Mischung fest in die Form und stelle sie für 15 Minuten in den Gefrierschrank, damit sie fest wird.

5. Schneide die Masse in zwei Riegel.

Süßkartoffelchips mit Meersalz

Zubereitungszeit: 25 Minuten
Portionen: 1 Person

Zutaten:

- 1 große Süßkartoffel, geschält und dünn geschnitten
- 2 EL natives Olivenöl extra
- 1/2 TL Meersalz
- 1 Prise Chilipulver, für etwas Schärfe
- 1/2 TL frischer Thymian, fein gehackt
- 1 TL frischer Bio-Zitronensaft

Zubereitung:

1. Heize deinen Ofen auf 180 Grad vor.

2. Lege die dünn geschnittenen Süßkartoffeln in eine Schüssel und gib das Olivenöl, den frischen Zitronensaft, den Thymian und das Chilipulver hinzu.

3. Mische alles gut durch, sodass die Süßkartoffeln gleichmäßig mit den Gewürzen bedeckt sind.

4. Lege ein Backblech mit Backpapier aus und verteile die Süßkartoffelscheiben darauf, ohne dass sie sich überlappen.

5. Backe die Süßkartoffelscheiben im Ofen für 10 Minuten, dann wende sie und backe weitere 10 Minuten, bis sie knusprig sind.

6. Nimm die Süßkartoffelchips aus dem Ofen und bestreue sie mit Meersalz.

7. Lass die fertigen Chips kurz abkühlen.

Haferflocken-Kugeln mit Sonnenblumenkernen

Zubereitungszeit: 15 Minuten
Portionen: ca. 8 Kugeln

Zutaten:

- 50 g Haferflocken, grob
- 25 g Sonnenblumenkerne, leicht geröstet
- 1 EL Chiasamen
- 1 EL Agavendicksaft
- 1 TL Vanilleextrakt
- 50 ml Kokosmilch
- 1 Prise Salz

Zubereitung:

1. Die Haferflocken, Sonnenblumenkerne und Chiasamen in einer Schüssel vermengen.

2. Agavendicksaft, Vanilleextrakt und Salz hinzufügen und gut verrühren.

3. Die Kokosmilch nach und nach unterrühren, bis die Masse gut gebunden ist.

4. Mit den Händen oder einem Löffel kleine Kugeln formen und auf einen Teller oder ein Brett legen.

5. Die Kugeln für etwa 10 Minuten in den Kühlschrank stellen, bis sie fest geworden sind.

Vegane Muffins mit Blaubeeren

Zubereitungszeit: 30 Minuten
Portionen: ca. 3 Muffins

Zutaten:

- 80 g Dinkelmehl
- 50 ml Mandelmilch, unge-süßt
- 30 g Blaubeeren, gewaschen
- 15 g Kokosöl, geschmolzen
- 10 g Mandeln, grob gehackt

- 1 EL Agavendicksaft
- 1 TL Backpulver
- 1/2 TL Natron
- Prise Salz
- 1/2 TL Vanilleextrakt

Zubereitung:

1. Heize deinen Ofen auf 180 Grad vor und lege eine Muffinform mit Muffinpapier aus.

2. Vermische in einer Schüssel das Dinkelmehl, Backpulver, Natron und Salz.

3. In einer anderen Schüssel vermische die Mandelmilch, geschmolzenes Kokosöl, Agavendicksaft und Vanilleextrakt.

4. Füge nun die feuchten Zutaten zu den trockenen hinzu und rühre vorsichtig, bis alles gut vermengt ist.

5. Füge die Blaubeeren und gehackten Mandeln hinzu und hebe sie sanft unter den Teig.

6. Teile den Teig gleichmäßig in die Muffinform und backe 20 Minuten, bis sie goldbraun sind und ein in die Mitte eingeführter Zahnstocher sauber herauskommt.

7. Lass die Muffins auf einem Gitter abkühlen.

Knusprige Vollkorn-Cracker

Zubereitungszeit: 25 Minuten
Portionen: 10 Cracker

Zutaten:

- 50 g Vollkornmehl
- 25 ml Wasser
- 1 EL natives Olivenöl extra
- 1/4 TL Salz
- 1/2 TL Rosmarin, frisch gehackt
- 1/2 TL Oregano, getrocknet
- 1 Prise Chiliflocken

Zubereitung:

1. Heize den Ofen auf 180 Grad vor. Lege ein Backblech mit Backpapier aus.

2. Vermenge in einer Schüssel das Vollkornmehl mit dem Salz, Rosmarin, Oregano und den Chiliflocken.

3. Füge das Wasser und das Olivenöl hinzu. Knete den Teig, bis er geschmeidig ist.

4. Rolle den Teig zwischen zwei Stücken Backpapier dünn aus.

5. Schneide den ausgerollten Teig in 10 gleich große Stücke.

6. Lege die Cracker auf das vorbereitete Backblech.

7. Backe sie im Ofen 15 bis 18 Minuten, bis sie goldbraun und knusprig sind.

8. Lass die Cracker auf einem Gitter vollständig abkühlen.

Grüne Oliven gefüllt mit Mandeln

Zubereitungszeit: 15 Minuten
Portionen: 10 gefüllte Oliven

Zutaten:

- 10 große grüne Oliven, entkernt
- 10 Mandeln, ganz
- 1 EL natives Olivenöl extra
- 1 TL Bio-Zitronensaft, frisch gepresst
- 1 TL frischer Basilikum, fein gehackt
- 1/4 TL Meersalz, fein gemahlen
- 1/4 TL Pfeffer, frisch gemahlen

Zubereitung:

1. Die Mandeln mit kochendem Wasser übergießen und 5 Minuten einweichen. Dann abgießen und mit kaltem Wasser abspülen.
2. Die grünen Oliven vorsichtig öffnen, um sie für die Mandeln vorzubereiten.
3. In einer kleinen Schüssel das Olivenöl, den Zitronensaft, den Basilikum, das Meersalz und den Pfeffer vermengen.
4. Die Mandeln in die Oliven legen und dann die Oliven in die Marinade legen.
5. Alles gut miteinander vermengen, sodass die Oliven vollständig bedeckt sind.
6. Für mindestens 1 Stunde in den Kühlschrank stellen.
7. Am besten kalt servieren, direkt aus dem Kühlschrank.

Leckere Zucchini-Chips

Zubereitungszeit: 40 Minuten
Portionen: 1 Person

Zutaten:

- 1 mittelgroße Zucchini, in dünne Scheiben geschnitten
- 2 EL natives Olivenöl extra
- 1 TL Meersalz
- 1 TL frischer Thymian, fein gehackt
- 1 TL frischer Rosmarin, fein gehackt
- 1 Prise Chiliflocken

Zubereitung:

1. Heize deinen Ofen auf 140 Grad vor.

2. In einer großen Schüssel vermengst du die Zucchinischeiben mit dem Olivenöl, Salz, Thymian, Rosmarin und Chiliflocken. Stelle sicher, dass jede Scheibe gut bedeckt ist.

3. Lege ein Backblech mit Backpapier aus und verteile die Zucchinischeiben gleichmäßig darauf.

4. Backe die Zucchini-Chips 30 Minuten im Ofen, oder bis sie knusprig und goldbraun sind. Dreh sie einmal um, damit sie gleichmäßig garen.

5. Lass die fertigen Chips ein paar Minuten abkühlen.

Schlusswort

Liebe Leserin, lieber Leser,

es war mir eine Freude, dir diese Vielfalt an Rezepten zu präsentieren, die nicht nur den Gaumen erfreuen, sondern auch das Wohlbefinden unterstützen.

Jedes Rezept in diesem Buch ist mehr als nur eine Anleitung zum Kochen. Sie sind Gedanken, Kreativität und Leidenschaft, gebündelt in der wundervollen Kunst der Zubereitung von Speisen. Essen ist nicht nur eine Notwendigkeit, es ist eine Lebensfreude, ein soziales Erlebnis und eine Möglichkeit, für unser Wohlbefinden zu sorgen.

Egal ob du ein neuer Hobbykoch bist, der gerade erst die Leidenschaft für die Küche entdeckt hat, oder ein erfahrener Profi, der nach neuen Ideen sucht – ich hoffe, dass dieses Buch einen Platz in deinem Herzen und in deiner Küche gefunden hat.

Es war mir ein Vergnügen, diese Rezepte mit dir zu teilen. Bleibe neugierig, kreativ und vor allem – hab Spaß beim Kochen!

Deine Nina Vogt